新汉语水平考试真题集
HSK（五级）2012版

国家汉办/孔子学院总部　　编制

商务印书馆

2012年·北京

《新汉语水平考试（HSK）真题集》编委会

前　言

2009 年 11 月，新汉语水平考试（HSK）正式实施。两年来，考生数量有了很大增长，2010 年，新 HSK 考生数量为 123977 人，2011 年为 179592 人，增长幅度达 45%。新 HSK 更好地适应了海外汉语学习者的实际水平，激发了更多考生继续学习汉语的热情，对推动汉语国际推广工作起到了积极的作用。

以孔子学院在世界各地落地生根为标志，全球范围的"汉语热"持续升温，汉语考试规模迅速扩大，这吸引了无数眼球，众多机构急于参与其中。2009 年 5 月，国家语委委托天津市语言文字培训测试中心研发的"汉语口语水平测试（HKC）"开始组织实施；2011 年 7 月，教育部考试中心宣布推出"汉语能力测试（HNC）"；2011 年 10 月，国务院侨办发布信息，决定研制针对海外华裔青少年的"华文水平测试系统"，争取 2013 年开始在海外测试；2012 年 2 月，上海市教委表示，上海将推进面向在沪外籍人士的"实用汉语能力测试"项目的研发工作，该项目有望年内推出。

短短几年时间，汉语考试领域出现了这么多新面孔，意味着有更多的力量投入到了汉语国际推广事业的洪流中来，它必将推动新 HSK 向着质量更高、服务更好的方向发展。我们相信，只有在竞争的环境下，在背负市场压力的情况下，新 HSK 才能获得真正的发展动力，才能永保其用户至上、不断创新的进取精神。只有这样，新 HSK 才能与考生、考试用户成为共同的赢家。此为正道。

今后，新 HSK 除了进一步加强自身研发、考务实施、市场推广及考试培训等能力外，还将不断地广泛调研国内外同类汉语考试，知己知彼，取长补短，提升新 HSK 的竞争优势，更好地服务全球汉语学习者及各类考试用户。

为进一步满足新 HSK 考生备考的需求，我们继 2010 年出版《新汉语水平考试真题集》后，于 2012 年推出《新汉语水平考试真题集 2012 版》。此套真题集共 7 册（含口试），每册包含相应等级的 5 套最新真题。

编　者

2012 年 2 月 14 日

目 录

国家汉办/孔子学院总部
Hanban/Confucius Institute Headquarters

新汉语水平考试

HSK（五级）

H51113

注　　意

一、HSK（五级）分三部分：

　　1. 听力（45 题，约 30 分钟）

　　2. 阅读（45 题，45 分钟）

　　3. 书写（10 题，40 分钟）

二、听力结束后，有 **5** 分钟填写答题卡。

三、全部考试约 125 分钟（含考生填写个人信息时间 5 分钟）。

中国　北京　　　　　　　　　国家汉办/孔子学院总部　　编制

一、听 力

第一部分

第1-20题：请选出正确答案。

1. **A** 缺乏资金
   B 很有把握
   C 方案还没批准
   D 应该听听专家的意见

2. **A** 太贵了
   B 没时间浇水
   C 家里没有花瓶
   D 她妈妈对花粉过敏

3. **A** 很地道
   B 不太标准
   C 语速很快
   D 进步很大

4. **A** 学术
   B 观察
   C 沟通
   D 文字

5. **A** 没有座位了
   B 男的在结账
   C 朋友已经到了
   D 餐厅还没开始营业

6. **A** 箱子很重
   B 没带行李箱
   C 自己拿得动
   D 她开车技术还可以

7. **A** 付款
   B 取包裹
   C 换零钱
   D 申请执照

8. **A** 闯红灯了
   B 把碗打碎了
   C 忘洗碗筷了
   D 把阳台弄脏了

9. **A** 在客厅里
   B 还没安装好
   C 还没过保修期
   D 保修期为两年

10. **A** 规模很大
    B 风格多样
    C 正在重建
    D 吸引了很多游客

11. **A** 刚下地铁
    B 差点儿迟到了
    C 被堵在路上了
    D 要送孩子去学校

12. **A** 工厂
    B 医院
    C 邮局
    D 法院

13. A 还没有装修
    B 有 100 多平米
    C 周围环境不好
    D 女的觉得面积很大

14. A 已经完成了
    B 包含通讯录
    C 一共有 15 页
    D 需要重新打印

15. A 晕船
    B 想去划船
    C 爱开玩笑
    D 经常失眠

16. A 整体不错
    B 逻辑性很强
    C 句子不太通顺
    D 结构不太合理

17. A 赞成
    B 推辞
    C 反对
    D 无所谓

18. A 现在是秋季
    B 窗帘儿太薄了
    C 男的想换窗帘儿
    D 女的建议现在去买

19. A 有大雾
    B 有小雪
    C 有大风
    D 有雷阵雨

20. A 领带
    B 项链
    C 围巾
    D 手套

第 二 部 分

第 21-45 题：请选出正确答案。

21. A 酒吧
    B 游乐园
    C 科技馆
    D 俱乐部

22. A 有错误
    B 需要翻译
    C 已经出版了
    D 发到公共信箱里了

23. A 避免掉色
    B 干得更快
    C 不容易结冰
    D 避免拿错了

24. A 程序编写
    B 网站建设
    C 产品开发
    D 课程安排

25. A 腰疼
    B 喝醉了
    C 胳膊痒
    D 胃不舒服

26. A 是礼拜天
    B 有打折优惠
    C 理发师是新来的
    D 希望得到好运气

27. A 班长
    B 总经理
    C 宣传部部长
    D 学生会主席

28. A 太简单
    B 有改进
    C 非常复杂
    D 前后不一致

29. A 会议记录
    B 房屋设计图
    C 房屋出租广告
    D 人才招聘广告

30. A 打算出国
    B 专业是物理
    C 在研究所工作
    D 准备在国内发展

31. A 要比对手更强
    B 付出才有收获
    C 经验有时并不可靠
    D 要重视自己的形象

32. A 人要有勇气
    B 要不断地学习
    C 骄傲使人落后
    D 学会享受人生

33. A 在郊区

B 可以随便参观

C 有很多人来买花

D 有两名管理人员

34. A 闻花的香味

B 热爱这项工作

C 给别人带来快乐

D 满足妻子的愿望

35. A 眼睛看不见

B 耳朵听不见

C 有一个果园

D 儿子很能干

36. A 500 元

B 1000 元

C 3000 元

D 6000 元

37. A 会计

B 销售员

C 美术老师

D 服装设计师

38. A 要敢于冒险

B 把精力用对地方

C 保持一颗好奇心

D 别只顾眼前利益

39. A 滑冰

B 射击

C 打排球

D 打乒乓球

40. A 朋友现在是教练

B 朋友已经退休了

C 心理状态很重要

D 失误是可以避免的

41. A 万事开头难

B 知足者常乐

C 要善于总结

D 给自己减压

42. A 过得很顺利

B 生活很单调

C 对人很诚恳

D 不能接受失败

43. A 做人要有原则

B 多说积极的话

C 要找准自己的位置

D 权力越大责任越大

44. A 家庭

B 大学

C 实验室

D 幼儿园

45. A 没什么名气

B 年纪很大了

C 从小爱读书

D 小时候爱吃零食

二、阅 读

第 46-60 题：请选出正确答案。

46-48.

　　有时候，你被人误解了，你不想解释，所以选择沉默。本来就不是所有的人都得了解你，因此你 46 对全世界解释。也有时候，你被最爱的人误解，难过到不想解释，也只有选择沉默。全世界的人都可以不懂你，但他应该懂。如果连他都不能懂你，还有什么话可说？生活中总有无法解决的问题，47 不是所有的对错都能讲清楚，甚至可能 48 就没有真正的对与错。那么，不想说话，就不说吧。在多说也没有什么帮助的情况下，也许沉默就是最好的解释。

46．A 亲自　　　B 不必　　　C 不免　　　D 多亏
47．A 依然　　　B 未必　　　C 何必　　　D 毕竟
48．A 根本　　　B 简直　　　C 彻底　　　D 丝毫

49-52.

　　从前，有个聪明人的马被偷走了。他知道是谁偷的，就去向那个人要马，但那人拒绝归还，一口咬定说："这是我的马。"

　　聪明人用双手遮住了马的双眼，对那个偷马人说："49 这马真是你的，你一定知道马的哪只眼睛是瞎的。"

　　"右眼。"偷马人 50 地说。

　　聪明人放下蒙右眼的手，马的右眼并没有瞎。

　　"我记错了，51 。"偷马人急忙辩解道。

　　聪明人又放下蒙左眼的手，马的左眼也没有瞎。

　　"我又说错了……"偷马人还想狡辩。

　　"不错，你是错了。这充分说明马不是你的。"聪明人说完就 52 着马回家了。

49．A 哪怕　　　B 万一　　　C 要是　　　D 除非
50．A 天真　　　B 犹豫　　　C 出色　　　D 坦率
51．A 手里什么也没有　　　　　　　B 你让我再考虑一下
　　C 马的左眼才是瞎的　　　　　　D 马的两只眼睛都没有瞎
52．A 牵　　　　B 背　　　　C 提　　　　D 摇

53-56.

在一个寒冷的冬天，有位农夫，在路边看到一条快要冻死的蛇。善良的农夫觉得这条蛇很可怜，就把它 _53_ 起来放到自己的怀里为它取暖。过了很久，在农夫 _54_ 的怀中，这条蛇渐渐醒过来了。农夫很高兴，他问蛇好点儿没有。蛇非常 _55_ 地说："谢谢你救了我，但是现在我饿了。"说完它就狠狠地咬了农夫一口。农夫非常后悔，他终于明白像蛇这样邪恶的东西是不应该去帮助它的，_56_ 。

53. **A** 倒　　　**B** 拦　　　**C** 娶　　　**D** 捡

54. **A** 温暖　　**B** 朴素　　**C** 老实　　**D** 周到

55. **A** 虚心　　**B** 狡猾　　**C** 深刻　　**D** 体贴

56. **A** 命运是公平的　　　　　　　**B** 蛇是不会被冻死的
　　 C 但是他明白得太晚了　　　　**D** 机会要靠自己去争取

57-60.

文化就像一个胃，如果健康的话，各种食物都能接受，都能消化，并转变成自己身体所需要的各种 _57_ 。这个胃如果这也不能吃，那也不适应，那是胃自己出了 _58_ 。为了胃好，就需要它能够接受自己原来不适应的各种食物，而不是只让它吃它喜欢的那几样。同样，_59_ ，对待其他文化最好的办法不是拒绝而是吸收。一个能吸收不同文化的胃才是健康的、有活力的，并且最终会把其他文化 _60_ 到自己的文化中去。

57. **A** 本领　　**B** 价值　　**C** 性质　　**D** 营养

58. **A** 后果　　**B** 病毒　　**C** 表现　　**D** 毛病

59. **A** 办法总比困难多　　　　　　**B** 要减少不必要的损失
　　 C 要保持自己的文化优势　　　**D** 这可以为自己创造更好的条件

60. **A** 构成　　**B** 融合　　**C** 实践　　**D** 调整

第二部分

第 61-70 题：请选出与试题内容一致的一项。

61. 人才其实可以分为两类：一类是自用之才，另一类是被用之才。少数人属于自用之才，这种人大多可以成为老板，他们善于扬长避短，能独立创建一个自己的舞台；多数人都是被用之才，需要借助别人的舞台来唱戏，能否成功取决于有没有适合他的舞台。

    A 不要过分追求完美

    B 被用之才也是人才

    C 要充分信任你的员工

    D 要合理分配自己的时间

62. "助人为快乐之本"这句话得到了许多科学研究的支持。研究表明，那些愿意无私奉献的人更容易得到快乐。调查也发现，快乐的人往往都乐于报名做志愿者，奉献自己的爱心。

    A 求人不如求自己

    B 快乐的人更有爱心

    C 志愿者的工作比较轻松

    D 每个人都有属于自己的幸福

63. 峨眉山，位于中国西部四川省的中南部，它是美丽的自然景观与悠久的历史文化的完美结合。峨眉山也是"中国佛教四大名山"之一，佛教的传播、寺庙的兴建和繁荣，为峨眉山增加了许多神奇色彩。

    A 四川省经济发达

    B 峨眉山的历史很长

    C 峨眉山的气候四季如春

    D 峨眉山在四川省的西部

64. 就事论事，往往很容易被限制在一个小的圈子里，这就是我们常说的"惯性思维"。跳不出来时，就找不到处理事情的正确方法；相反，当我们换个角度，跳出原有惯性思维的框框时，我们就走上了一条新路。

    A 不要急于否定别人

    B 行动前应制定计划

    C 做事情要打破惯性思维

    D 要养成良好的生活习惯

65. 所谓抓拍，就是在生活的现场，不干涉拍摄的对象，拍摄那些最自然、最生活的活动对象。抓拍的一个特点就是速度，说白了就一个字——抓。静止的东西是不用抓的。用了这"抓"字，就得抓住拍摄对象瞬间的神态、表情、动作。用大师的话来说，就是"决定性瞬间"。

   A 抓拍需要把握好速度
   B 抓拍对摄影设备要求很高
   C 抓拍的对象一般是静止的
   D 抓拍更受年轻摄影者的欢迎

66. 发电子邮件时，如果对方不认识你，首先应当说明自己的身份——姓名或你代表的企业名，以示对对方的尊重。点明身份的主要目的是为了使收件人能够顺利地理解邮件来意。正文应简明地说清楚事情，如果具体内容确实很多，正文应只做简要介绍，然后单独写个文件作为附件进行详细描述。

   A 简历一定要有个性
   B 垃圾邮件影响工作效率
   C 表明身份是对对方的尊重
   D 电子邮件的正文应尽量详细

67. 人们常说祸从口出，最好少说话多做事，却很少强调口能免灾，这对我们的嘴巴是不公平的。在关键时刻，比如商业谈判、法庭辩护和消除误会时，如果嘴巴不帮我们的忙，我们就要承受重大损失。至于嘴巴能帮到什么程度，那就要看我们口才如何了。

   A 要正确评价自己
   B 说起来容易做起来难
   C 要对自己的行为负责
   D 不能小看嘴巴的作用

68. 心理学家对颜色与人的情绪之间的关系进行了研究。一般情况下，红色表示乐观、热情，能使人情绪热烈、饱满；黄色表示快乐、明亮，能使人充满喜悦之情；绿色表示和平，能使人的心里有平静之感。不同颜色会给人的情绪带来不同影响，使人的心理活动发生变化。

   A 喜欢绿色的人更活泼
   B 红色能使人心情平静
   C 颜色对人的心理有影响
   D 黄色可以提高睡眠质量

69. 人们常说细节决定成败，但强调细节并不一定代表必然会成功。现实中，有的人总是怀疑计划不够准确而迟迟不能开始行动。在这个过程中，别的人却有可能拿着一个准确性只有 80%的计划完成了目标。过分追求细节，往往也会错失本来可以到手的机会。

A 目标应该有阶段性

B 过程比结果更重要

C 要通过现象看本质

D 不要因细节而错失机会

70. 在古代，"疾"与"病"的意思不同。"疾"是指不易觉察的小病，如果不及时采取有效措施，就会发展到可见的程度，便称为"病"。这种非病非健康的状态，世界卫生组织称为"第三状态"，中国叫做"亚健康状态"。处于亚健康状态的人，容易感到疲劳，适应能力也会下降。

A 亚健康属于非病状态

B "疾"是一种很严重的"病"

C 不同的病需要不同的治疗方法

D "疾"与"病"在古代意思差不多

第三部分

第71-90题：请选出正确答案。

71-74.

　　大家一定都坐过出租车。假如，我们再坐一次出租车，做一个实验：上车后，你先不要讲话。司机如果问你"去哪里"，你就说"你自己看着办吧"。

　　你信不信，即使是开了几十年出租车的老司机，这个时候也没有办法把车开走。为什么？因为司机只知道怎样选择最佳路线把你送到你想去的地方。他知道方法、手段和技巧，并且把它做好。至于你想去的地方，司机并不知道，只有你知道你想去的地方。所以，如果连你都不知道你想去哪里，司机当然就不知道往哪里开。

　　生活中的这个小故事告诉人们一个基本哲理：目的，永远在技巧和方法前面。一个人如果一开始就不知道他的目的地在哪里，他就永远到不了他想去的地方。

71. 关于那个实验，可以知道：
　　A 要找老司机　　　　　　　　B 结果令人生气
　　C 司机要选择最近的路线　　　D 乘客不告诉司机目的地

72. 听到你说"你自己看着办吧"，司机会：
　　A 觉得很幸运　　　　　　　　B 马上询问朋友
　　C 请乘客换出租车　　　　　　D 不知道往哪儿开

73. 根据上文，下列哪项正确？
　　A 上车后要系好安全带　　　　B 不要随便和陌生人说话
　　C 首先要知道自己想做什么　　D 乘客最好不要和司机交谈

74. 最适合做上文标题的是：
　　A 你究竟要去哪儿　　　　　　B 你坐过出租车吗
　　C 为什么不自己开车呢　　　　D 谁是你的出租车司机

75-78.

　　"我发现你这个人很不老实。"女友小丽盯着我的眼睛。
　　"我……"我一下子不知道说什么好，"我怎么了我？"
　　"你的手机给我用用。"女友伸手要我的手机。我赶快把手机递了过去。
　　女友把我的手机放在桌子上，用家里的座机打了一个电话，然后按下免提键："喂，文哥吗？我是小丽。"文哥是我一个特别要好的朋友，我们俩从小关系就特铁。
　　文哥："你好你好！有什么事情啊？"
　　小丽："文哥，我有点儿急事找李洋，他和你在一起吗？"
　　文哥："在一起呢。我俩正商量点儿事情。你等一下，他在厕所呢，我给你叫去。李洋，小丽找你……哎呀，小丽，他还在厕所呢。要不等他出来，我让他给你打回去？"
　　小丽："好的，谢谢文哥。"
　　一滴冷汗从我的头上慢慢地往下流……
　　15秒钟后，放在桌子上的手机突然响起来，我的第二滴冷汗也开始往下流。小丽得意地看着我，按下了接听键。
　　"幸亏你小子开机了，你在哪儿呢？小丽刚给我打电话找你呢。不过哥们儿替你挡住了，说你小子正在我们家厕所呢。怎么样，够意思吧？你呀，快点儿给小丽打电话，别忘了说你在我这儿……"

75．文中"关系特铁"的意思最可能是：
　　A 产生了矛盾　　　　　　　　B 从小就认识
　　C 关系非常好　　　　　　　　D 关系有所改善

76．小丽给文哥打电话时，李洋：
　　A 很得意　　　　　　　　　　B 在洗手间
　　C 就在小丽身旁　　　　　　　D 在和文哥商量事情

77．根据上文可以知道，文哥：
　　A 说假话了　　　　　　　　　B 是一位导演
　　C 觉得很惭愧　　　　　　　　D 有点儿不耐烦

78．关于小丽，下列哪项正确？
　　A 很感激文哥　　　　　　　　B 被弄糊涂了
　　C 是用座机打的电话　　　　　D 给文哥发了个短信

79-82.

　　有一天，两只饥饿的小熊捡到了一大块儿面包。哥哥说："应该由我来分，因为我是哥哥。"弟弟说："应该由我来分，因为我年龄小，妈妈常说你得让着我。"后来，它们各抓住一边，把面包掰开了。结果却是一块儿大，一块儿小。这时，兄弟俩又发生了争执，都想要较大的一块儿。

　　这时，一只同样饥饿的狐狸恰好经过这里。两只小熊拦住狐狸，想让狐狸主持公道，帮它们分一分这块儿面包。狐狸高兴得不得了，它二话没说，抓起那块儿较大的面包就咬了一大口。结果，原来大块儿的面包变成了小块儿的，小块儿的反而成了大的。两只小熊还是不满意。狐狸对它们说："别着急，别着急。"它又抓起较大块儿的面包咬了一口，结果还是一块儿大一块儿小。两只小熊还是不满意，狐狸又抓起较大块儿的面包咬了一口……

　　最后，两只小熊都只得到一小口儿看起来一样大小的面包屑。

79．两只小熊第二次是为什么争吵？
　　　A 谁先吃面包　　　　　　　　B 谁吃大块儿的
　　　C 谁的年龄更大　　　　　　　D 是谁先发现面包的

80．小熊请狐狸帮它们什么忙？
　　　A 分面包　　　　　　　　　　B 找一把刀
　　　C 把面包藏起来　　　　　　　D 尝尝那块儿面包

81．关于两只小熊，可以知道：
　　　A 很傻　　　　　　　　　　　B 非常谨慎
　　　C 和狐狸是邻居　　　　　　　D 最后什么也没吃到

82．最适合做上文标题的是：
　　　A 迷路的小熊　　　　　　　　B 狐狸的朋友
　　　C 不一样大的面包　　　　　　D 谁偷了我的面包

83-86.

他从小就有个理想，那就是长大后成为作家。自从有了这个理想之后，他每天都坚持写作。每次写完之后，他都会拿着自己的文章看了又看，改了又改，然后充满希望地寄往各地的报社、杂志社。可遗憾的是，他虽然写了那么多文章，而且自己也觉得写得不错，<u>伯乐</u>却始终没有出现过——所有的报社、杂志社都从未发表过他的文章，甚至连一封退稿信都没有给他寄过。这让他既难过又心寒。

很多年后的一天，他终于收到了他投稿最多的那家报社的一封信。当他欣喜若狂地打开时，却发现那不过是封退稿信。被泼了一盆冷水之后，深感灰心的他打算放弃了。稍稍清醒一些后，他发现那封信中有一个给他的小建议："你每次寄来的稿子我都看过，这么多年来你始终如一地投稿，由此可以看出你是一个很努力的青年。但我不得不遗憾地告诉你，你将很难在写作方面有所成就。不过，不知道你有没有注意到，你的钢笔字写得越来越好。所以我觉得，如果你向书法方面发展，可能会更好，也比较容易成功……"这几句话引起了他的深思。最后，虽然他依然热爱写作，但还是决定放弃写作，改向钢笔书法进军。

这个人叫张文举，现在是中国非常著名的硬笔书法家。他的故事告诉人们，人生当中的许多失败，往往是由于人们尚未找到最适合自己的路而导致的。那么，在适当的时候让理想转个弯儿，也许会收到意想不到的效果。

83. 第 1 段中"伯乐"最可能指的是：
    A 欣赏他的人   **B** 祝福他的人
    C 佩服他的人   **D** 雇佣他的人

84. 他收到的那封信：
    A 是用稿通知   **B** 没有写日期
    C 来自一家电视台   **D** 给他提了一个建议

85. 他为什么放弃了写作？
    A 失去了兴趣   **B** 公司业务太忙
    C 家里人不支持   **D** 找到了更适合自己的路

86. 上文主要想告诉我们：
    A 遇事要保持冷静   **B** 要坚持自己的理想
    C 要了解自己的长处   **D** 实现理想需要别人的帮助

87-90.

职场幸福指数，是工作状态和质量的直接反映。一项对 1560 名职业女性的调查显示，46.2%的被调查者在工作中一点儿幸福感也没有，工作压力太大、不能兼顾工作和家庭成为影响职场幸福指数的重要因素。

对工作的满意度，是职场幸福指数的最直接的体现。调查显示，66.9%的女性对目前的工作不满意，表示"很满意"者仅占 6.1%。谈到职场不幸福的原因，大家认为工作压力太大、不能兼顾家庭、休闲时间太少是主要原因，发展空间小、工资太低、人际关系不好等也是影响幸福感的因素。其中，37.6%的被调查者表示，因为工作太紧张，基本没精力顾及家庭。

调查显示，随着年龄增大，女性的职场幸福感有所提高，36 岁以上的女性对工作满意者占两成，能从工作中获取幸福感者占 76%。随着年龄的增长，家庭对女性精力的牵涉会相对减少，经济压力也有所降低，工作不再仅仅是挣钱的工具。经过磨练，这些人的心态也更好，职场幸福感自然会增强。

谈到对目前工作最不满意的地方，39.1%的被调查者认为休闲时间太少，发展空间小、工资太低分别占 20.3%和 20%。随着工作节奏的加快和生活水平的提高，女性对休闲时间的渴望更强。休闲和放松有助于提高职场幸福指数，这一点应引起用人单位的注意。

87. 关于职场幸福指数，下列哪项正确？
   A 至今没有统一标准   B 和工资水平成正比
   C 反映人们的工作状态   D 与人们对工作的满意度无关

88. 为什么女性的年龄越大，职场幸福感越强？
   A 更容易获得满足   B 不再需要经常出差
   C 有更多的休闲时间   D 各方面压力都有所降低

89. 根据第 4 段，可以知道：
   A 女性更关注发展空间   B 很多单位男女比例失衡
   C 半数女性满意现有的工作   D 适当放松能让职场女性更幸福

90. 上文主要谈：
   A 怎样同领导打交道   B 怎样吸引优秀人才
   C 影响职场女性幸福感的因素 D 如何平衡工作和家庭的关系

三、书 写

第一部分

第91-98题：完成句子。

例如：发表　　这篇论文　　什么时候　　是　　的

    <u>这篇论文是什么时候发表的？　　　　　</u>

91. 很　　充分　　这个　　理由

92. 有　　风险　　很大　　投资股市

93. 您的签字　　合同　　那份　　需要

94. 正在　　律师　　双方的意见　　征求

95. 抽屉　　在　　里　　保险柜的钥匙

96. 有利于　　缓解　　深呼吸　　紧张情绪

97. 独立解决问题的　　应该　　能力　　培养孩子

98. 临时取消了　　飞往青岛的　　航班　　被

第二部分

第99-100题：写短文。

99. 请结合下列词语（要全部使用，顺序不分先后），写一篇80字左右的短文。

　　挑战　自信　困难　关键　收获

100. 请结合这张图片写一篇80字左右的短文。

H51113 卷听力材料

（音乐，30秒，渐弱）

大家好！欢迎参加 HSK（五级）考试。
大家好！欢迎参加 HSK（五级）考试。
大家好！欢迎参加 HSK（五级）考试。

HSK（五级）听力考试分两部分，共 45 题。
请大家注意，听力考试现在开始。

第一部分

第 1 到 20 题，请选出正确答案。现在开始第 1 题：

1. 女：这个项目很重要，你们到底有没有把握？
   男：您放心吧，我们保证按时完成。
   问：男的是什么意思？

2. 男：明天是母亲节，我们去给你妈买束鲜花怎么样？
   女：千万别，我妈对花粉过敏。
   问：女的为什么不让买鲜花？

3. 女：你的北京话说得很地道，你是北京人？
   男：是，我在这里出生、长大，至今还没离开过北京呢。
   问：男的北京话说得怎么样？

4. 男：你觉得自己应聘编辑有什么优势？
   女：我是中文系毕业的，文字方面能力比较突出，另外我很细心。
   问：女的觉得自己哪方面能力比较突出？

5. 女：欢迎光临！请问您有预订吗？
   男：没有。我来找我的朋友，他们已经来了。
   问：根据对话，可以知道什么？

6. 男：姑姑，车在那边，我来帮您拿行李箱吧。
   女：谢谢你，我的箱子不重，我自己来好了。
   问：女的是什么意思？

7. 女：您看到了吗？收银台就在那儿。
   男：谢谢，可以刷卡吧？我带的现金不够了。
   问：男的要去做什么？

8. 男：对不起，我不小心把碗打碎了。
   女：没关系，"碎碎"平安，你的手没伤着吧？
   问：男的为什么道歉？

9. 女：卧室里的空调坏了，我们得找人来修一下。
   男：还没过保修期，你找找那个保修单，我给他们打个电话吧。
   问：关于空调，下列哪项正确？

10. 男：这些建筑物已经有上百年的历史了，到现在依然保存完好。
    女：规模这么大，居然保存得这么好，真了不起。
    问：关于这些建筑，可以知道什么？

11. 女：幸亏碰见你了，要不然我今天肯定要迟到了。
    男：别客气，我也是顺路，再见。
    问：关于女的，可以知道什么？

12. 男：好久没看到你了，你已经开始实习了吗？
    女：是的，我现在在内科，经常上夜班，挺忙的。
    问：女的在哪里实习？

13. 女：这房子还挺大的，得有九十多平米吧，就你一个人住？
    男：不是，我跟一个朋友合租的。
    问：关于这个房子，可以知道什么？

14. 男：小王，会议手册做得怎么样了？
    女：除了通讯录，其他部分基本上都完成了。现在只有通讯录的信息还不全。
    问：关于会议手册，下列哪项正确？

15. 女：你明天要不要和我们一起去划船？
    男：别开玩笑了，你知道我晕船的。
    问：关于男的，可以知道什么？

16. 男：我写的那份报告您看了吗？
    女：看了，整体上写得不错，只有几个小地方还要再修改一下。
    问：女的觉得那份报告怎么样？

17. 女：我们的婚礼能不能考虑请我的导师来主持？
　　男：当然可以，要是你的导师能来主持，那是再好不过了。
　　问：男的是什么态度？

18. 男：夏天到了，我们该换个薄一点儿的窗帘儿了。
　　女：我知道有一家店的窗帘儿做得很不错，要不我们明天去那儿看看？
　　问：根据对话，下列哪项正确？

19. 女：天气预报说今天早上有大雾，你走高速不安全。
　　男：应该不会持续太久，我晚点儿出发。
　　问：今天早上天气怎么样？

20. 男：你帮我看一下，这套西装配这条领带怎么样？
　　女：这条太鲜艳了，我给你找一条新的吧。
　　问：他们在谈什么？

第二部分

第 21 到 45 题，请选出正确答案。现在开始第 21 题：

21. 女：你来北京半年了，去过"欢乐谷"吗？
　　男：你说的是那个游乐园吗？还没。
　　女：那找个时间，我带你去玩儿。
　　男：好，肯定很刺激，这个周末去？
　　女：好。
　　问：他们周末准备去哪儿玩儿？

22. 男：吴老师，您今天的讲座真精彩！我可以拷一下您的讲稿吗？
　　女：我已经发到公共信箱了，你回去下载就可以了。
　　男：太好了，那之后的讲稿都会发到信箱里？
　　女：是的，我会陆续发的。
　　问：关于今天的讲稿，下列哪项正确？

23. 女：牛仔裤洗了要翻过来晾晒。
　　男：为什么？我以前一直都这样晾晒的。
　　女：太阳光太强，牛仔裤会掉色的。
　　男：原来是这样啊，我这就把它翻过来。
　　问：牛仔裤为什么要翻过来晒？

24. 男：你认识学计算机专业的人吗？
　　女：认识几个，有什么事吗？
　　男：我们最近在做数据分析，有一些程序编写上的问题……
　　女：那我帮你联系一下，我正好有个同学在做程序开发。
　　问：男的遇到了哪方面的问题？

25. 女：你的胳膊怎么了？这儿红了一片。
　　男：我也不知道被什么咬了，特别痒。
　　女：我去给你拿个药，止痒效果非常好。
　　男：那麻烦你了。
　　问：男的怎么了？

26. 男：我刚才去理发，人比平时多很多。
　　女：今天是二月初二，按风俗讲，今天理发能带来一年的好运。
　　男：怪不得这么多人。
　　女：你们老家没这个风俗吗？
　　男：也有。
　　问：今天为什么有很多人去理发？

27. 女：听说你要参加学生会主席的竞选？
　　男：是，今天下午就要做竞选演讲了。
　　女：你的领导能力很出色，肯定没问题，我支持你。
　　男：谢谢您。
　　问：男的要竞选什么？

28. 男：书架怎么还没装起来？
　　女：它的说明书太简单，我没搞懂。
　　男：你是按照步骤一步一步来的吗？应该不难啊。
　　女：那你试试吧。
　　问：女的觉得说明书怎么样？

29. 女：房屋出租广告？你看这个干什么？
　　男：我下个月要搬家，得赶快找房子。
　　女：搬家？为什么？
　　男：房东给我打电话了，他要卖房子。
　　问：男的在看什么？

30. 男：你这次回国打算呆多久？
　　女：我不走了，我已经拿到博士学位了。
　　男：真的吗？太好了。
　　女：不过我还没找到工作呢。
　　问：关于女的，可以知道什么？

第 31 到 32 题是根据下面一段话：

人生不是得到，就是学到。有些东西是你天生就有的，比如长相，但有些则需要你通过学习去获得，比如知识、能力、经验等等。后天学到比天生得到更为重要，只有通过自身的努力才能有最大的收获。一个人，可以在失败中进步，在进步中成长。

31．根据这段话，下列哪项正确？
32．这段话主要谈什么？

第 33 到 35 题是根据下面一段话：

一个花园里有一间小屋子，屋子里住着花园的主人，他是一个盲人。虽然他眼睛看不见，却把花园弄得非常漂亮，花园里总是开满了各种鲜花。

一位过路人惊奇地观赏着这漂亮的花园，不解地问盲人："你这样做为的是什么呢？你根本就看不见这些美丽的花呀。"

盲人笑了，说："我可以告诉你四个理由：第一，我喜欢园艺工作，第二，我可以抚摸我的花，第三，我可以闻到它们的香味，至于第四个理由，则是因为你。"

"我？但是，你根本不认识我啊。"路人说。

"是的，我不认识你，但是我知道有一些像你一样的人，会在某个时间从这儿经过，这些人会因为看到我美丽的花园而心情愉快，而我也因此能有机会和你在这儿谈这件事。"

33．关于那个花园，可以知道什么？
34．花园主人说的第四个理由是什么？
35．关于花园的主人，下列哪项正确？

第 36 到 38 题是根据下面一段话：

所谓"好钢用在刀刃上"，就是要把精力集中在最出成绩的地方。只要你细心总结一下，就会发现：你得到的百分之八十的帮助来自于你百分之二十的朋友，而你投入的百分之八十的精力却只得到百分之二十的收入。我们常常把大多数时间和精力花在并不很重要的地方。一个年轻的小伙子卖保险时，头一个月仅挣了一千元。他仔细分析了他的销售图表，发现他百分之八十的收入来自百分之二十的客户，但是他却对所有的客户花费了同样的时间。于是，他把精力集中到最有希望的客户上。不久，他一个月赚了六千元。

36．小伙子第一个月挣了多少钱？
37．小伙子是做什么工作的？
38．这段话想告诉我们什么？

第 39 到 41 题是根据下面一段话：

我的一位朋友多次获得乒乓球单打冠军。有乒乓球爱好者向他请教成功的秘诀，出人意料，他竟然说"成功之前先要做好失败的准备"。在进入正式比赛前，事先承认不论怎样做，你不可避免会出现这样那样的失误，做好这样的思想准备就可以减少心理压力，从而取得比赛的成功。他还举例说，在一次全国乒乓球大赛中，他和另一位著名的乒乓球运动员争夺冠亚军，对方确实厉害，一上场就先赢了他两局，但由于他在进场前就做好了失败的心理准备，所以没有慌乱，完全放开来打，挺住了，最后反倒是他战胜了对手。

成功之前先做好失败的准备，并非放弃对成功的追求，而是让我们放松心情，放下包袱，轻装上阵，如此一来反倒容易成功。

39．朋友在哪方面很厉害？
40．根据这段话，下列哪项正确？
41．"放下包袱"最可能是什么意思？

第 42 到 43 题是根据下面一段话：

"好的""一定会有办法的""没问题"，每天都能说出这种积极话语的人，他们的每一天也都会过得非常顺利，即使遇到了困难。相反，每天嚷着"太糟糕了""太让人愤怒了""太讨厌了""真倒霉"的人，遇到的困难也格外多，运气也显得极其糟糕。

语言就好像鸽子的翅膀，只有尽力扇动，才能飞到理想的彼岸。积极乐观的语言，能带给我们美好、快乐的人生。

42．每天都说"没问题"的人会怎样？
43．这段话主要想告诉我们什么？

第 44 到 45 题是根据下面一段话：

有人问一位著名学者："您在哪所大学或者哪个实验室学到了您认为最重要的东西？"这位白发苍苍的学者回答说："是在幼儿园。""在幼儿园学到了什么？"学者答道："把自己的东西分一半儿给小朋友们；不是自己的东西不要拿；东西要放整齐；吃饭前要洗手，午饭后要休息；做错事情要表示歉意；要仔细观察周围的大自然。从根本上说，这些就是我学到的全部。"

44．那位学者在哪里学到了最重要的东西？
45．关于那位学者，可以知道什么？

听力考试现在结束。

H51113 卷答案

一、听 力

第一部分

1. B	2. D	3. A	4. D	5. C
6. C	7. A	8. B	9. C	10. A
11. B	12. B	13. D	14. B	15. A
16. A	17. A	18. C	19. A	20. A

第二部分

21. B	22. D	23. A	24. A	25. C
26. D	27. D	28. A	29. C	30. D
31. B	32. B	33. B	34. C	35. A
36. B	37. B	38. B	39. D	40. C
41. D	42. A	43. B	44. D	45. B

二、阅 读

第一部分

46. B	47. D	48. A	49. C	50. B
51. C	52. A	53. D	54. A	55. B
56. C	57. D	58. D	59. C	60. B

第二部分

61. B	62. B	63. B	64. C	65. A
66. C	67. D	68. C	69. D	70. A

第三部分

71. D	72. D	73. C	74. A	75. C
76. C	77. A	78. C	79. B	80. A
81. A	82. C	83. A	84. D	85. D
86. C	87. C	88. D	89. D	90. C

三、书 写

91. 这个理由很充分。
92. 投资股市有很大风险。
93. 那份合同需要您的签字。
94. 律师正在征求双方的意见。
95. 保险柜的钥匙在抽屉里。
96. 深呼吸有利于缓解紧张情绪。
97. 应该培养孩子独立解决问题的能力。
98. 飞往青岛的航班被临时取消了。

第二部分

（略）

国家汉办/孔子学院总部
Hanban/Confucius Institute Headquarters

新汉语水平考试

HSK（五级）

H51114

注　意

一、HSK（五级）分三部分：

　　1．听力（45题，约30分钟）

　　2．阅读（45题，45分钟）

　　3．书写（10题，40分钟）

二、听力结束后，有**5**分钟填写答题卡。

三、全部考试约**125**分钟（含考生填写个人信息时间**5**分钟）。

中国　北京　　　　　　　　　　国家汉办/孔子学院总部　　编制

一、听 力

第一部分

第1-20题：请选出正确答案。

1. A 飞机晚点了
   B 航班取消了
   C 会议不开了
   D 他们在机场

2. A 别着凉
   B 小心台阶
   C 别抽烟了
   D 记得体检

3. A 住在宿舍
   B 要搬走了
   C 想换专业
   D 考试不及格

4. A 身体疲劳
   B 穿得太少
   C 丈夫传染的
   D 晚上没关空调

5. A 《红楼梦》
   B 《和平年代》
   C 《战争与和平》
   D 《钢铁是怎样炼成的》

6. A 写作文
   B 包饺子
   C 使用电脑
   D 骑摩托车

7. A 有大雾
   B 下雪了
   C 大雨刚停
   D 又打雷又闪电

8. A 失业了
   B 离婚了
   C 失恋了
   D 没被录取

9. A 要加班
   B 想买项链
   C 国庆节结婚
   D 打算参加姐姐的婚礼

10. A 资金出了问题
    B 出现了意外情况
    C 方案获得了批准
    D 他们在争取一个项目

11. A 信封
    B 发票
    C 支票
    D 明信片

12. A 正在装修
    B 面积很大
    C 需要预订
    D 刚开始营业

13. A 开会讨论

　　B 按原计划办

　　C 让总经理决定

　　D 咨询导演的意见

14. A 要吃早餐

　　B 少吃零食

　　C 多吃蔬菜

　　D 喝汤时别出声

15. A 很及时

　　B 雨量很少

　　C 持续时间长

　　D 降雨范围广

16. A 抽屉里

　　B 书架上

　　C 电脑桌上

　　D 行李箱里

17. A 在实习

　　B 是志愿者

　　C 准备出国

　　D 论文写完了

18. A 以后保持联系

　　B 让男的别着急

　　C 祝男的一路顺风

　　D 不希望男的辞职

19. A 没带信用卡

　　B 用现金结账

　　C 现金不够了

　　D 忘记密码了

20. A 有电子版

　　B 是位编辑

　　C 上不了网

　　D 下载了很多电子书

第 21-45 题：请选出正确答案。

21. A 喂鸽子
    B 照看花儿
    C 照顾宠物
    D 买块儿地毯

22. A 女的要出差
    B 他们在听讲座
    C 男的是学美术的
    D 男的想推荐一个人

23. A 买新房子了
    B 换新单位了
    C 房东要卖房子
    D 房东要涨租金

24. A 晒黑了
    B 受伤了
    C 不爱吃海鲜
    D 现在不过敏了

25. A 胃疼
    B 经常失眠
    C 把手弄破了
    D 把窗户打碎了

26. A 套间
    B 单人间
    C 标准间
    D 豪华套间

27. A 遇到了麻烦
    B 完成一半儿了
    C 已经处理完了
    D 还需半天时间

28. A 北京胡同
    B 北京景点
    C 北京小吃
    D 中国建筑

29. A 太辣
    B 醋放多了
    C 比较清淡
    D 比饭店的好吃

30. A 李秘书
    B 李经理
    C 李会计
    D 市场部经理

31. A 在做实验
    B 胆子很小
    C 不会游泳
    D 正在海边钓鱼

32. A 被吹翻了
    B 被偷走了
    C 没汽油了
    D 回到了岸边

33. A 自己学
   B 请教练教
   C 跟朋友学
   D 报了学习班

34. A 不会停
   B 不敢滑
   C 不会拐弯
   D 速度太慢

35. A 面对危险要冷静
   B 要学会选择重点
   C 方向比速度更重要
   D 学会停止，才会加速

36. A 富人都很朴素
   B 买股票更赚钱
   C 钱存银行更保险
   D 投资需要一大笔钱

37. A 善于投资
   B 从事房地产行业
   C 现在开了一家餐厅
   D 现在经济状况不好

38. A 很有价值
   B 不太现实
   C 能节约时间
   D 不具有普遍性

39. A 在发愁
   B 胳膊很长
   C 吃得很饱
   D 面带微笑

40. A 都喜欢吵架
   B 身体都很灵活
   C 胳膊都是直的
   D 都很感激别人

41. A 要适应竞争
   B 要锻炼身体
   C 要互相帮助
   D 要学会放松

42. A 友好
   B 记忆力好
   C 常感到寂寞
   D 往往以自我为中心

43. A 要学会拒绝
   B 要敢于冒险
   C 要关心周围的人
   D 不要过分追求完美

44. A 外出旅游
   B 换新工作
   C 掌握新技术
   D 开发新产品

45. A 希望工作稳定
   B 越来越容易满足
   C 重视企业的规模
   D 不很看重收入的增长了

二、阅 读

第一部分

第46-60题：请选出正确答案。

46-49.

有一天，老虎抓住一只狐狸，心想，今天可以美美地 46 一顿午餐了。狐狸很狡猾，骗老虎说："我是天帝派到山林中来做百兽之王的，你要是吃了我，天帝是不会原谅你的。"老虎问："你是百兽之王，有什么 47 ？"狐狸连忙说："你如果不相信我的话，可以随我到山林中去走一走，我让你亲眼看看百兽害怕我的样子。"

老虎想这倒也是个办法， 48 ，自己尾随其后，一起向山林深处走去。森林中的动物们远远地看见老虎来了，都 49 逃命。老虎不知道动物们是害怕自己而逃跑的，还以为它们是害怕狐狸才逃走的。

46. **A** 实现　　**B** 享受　　**C** 欣赏　　**D** 承受

47. **A** 传统　　**B** 资料　　**C** 政策　　**D** 证据

48. **A** 就把狐狸打了一顿　　　　**B** 说不定狐狸会害怕我
　　C 于是就让狐狸在前面带路　　**D** 让狐狸绕着森林跑了一圈

49. **A** 轮流　　**B** 纷纷　　**C** 始终　　**D** 反复

50-52.

有个人不小心把一双新买的鞋丢了，为此，他独自 50 在家里，茶不思，饭不想，难过了好几天。这天，他强打着精神来到街上闲逛，无意中看到一个失去一条腿的残疾人正 51 地与别人聊天儿。他自言自语道：这个世界上失去一条腿的人都能如此快乐，我只丢了双鞋，又算得了什么呢？想到这里，他的所有不快都 52 了。

50. **A** 拦　　**B** 背　　**C** 躲　　**D** 闯

51. **A** 无奈　　**B** 开心　　**C** 委屈　　**D** 时髦

52. **A** 消灭　　**B** 消失　　**C** 体验　　**D** 恢复

53-56.

　　一位心理学家找来两个 7 岁的孩子进行一项心理测验。一个是穷人家的孩子，家里有 6 个 __53__ ，另一个则是富人家的独生子。

　　心理学家拿出一 __54__ 图画，画里有一只小兔子坐在餐桌旁边哭，兔妈妈则板着脸站在一旁。心理学家叫两个孩子把画中的意思说出来。

　　穷人家的孩子说："__55__ ，是因为它没有吃饱，还想要吃东西，但是家里已经没有吃的东西了，而兔妈妈也觉得很难过。"

　　"不是这样的，"那个富人家的孩子说："它哭是因为它已经不想再吃东西了，但它妈妈强迫它非吃下去不可。"

　　从来如此，我们处在什么样的环境，就习惯从什么样的 __56__ 看事情。

53．A 兄弟　　　　B 人口　　　　C 专家　　　　D 主人
54．A 颗　　　　　B 幅　　　　　C 片　　　　　D 团
55．A 小兔子觉得很危险　　　　　　　B 小兔子之所以在哭
　　　C 兔妈妈为什么很高兴　　　　　D 餐桌上什么吃的也没有
56．A 用途　　　　B 年纪　　　　C 角度　　　　D 理由

57-60.

　　"欲速则不达"，人生不能一味追求速度，其实，"慢"也是一种生活的艺术。

　　"慢工出细活"，这里的"慢"并不意味着低 __57__ ，而是指按计划逐步进行工作，才能达到好的效果。说话也要学会"慢"。有的人好发议论，不善于克制自己，很多话不经 __58__ 脱口而出，带来不必要的麻烦。

　　现代人工作忙碌，生活节奏快，__59__ 。应该试着让生活节奏放慢些，吃饭要慢慢吃，开车不要超速，不要每件事都跟别人竞争，也不必每日加班……现代人要想 __60__ 身心健康，要学会"慢"这个养生之道。

57．A 程度　　　　B 信息　　　　C 效率　　　　D 优势
58．A 计算　　　　B 思考　　　　C 记录　　　　D 预防
59．A 喜欢回忆过去　　　　　　　　　B 人们都十分乐观
　　　C 沟通变得更加容易　　　　　　D 由此带来很多压力
60．A 保持　　　　B 传播　　　　C 存在　　　　D 避免

第61-70题：请选出与试题内容一致的一项。

61. 樱桃是一种季节性水果，它主要分为酸樱桃和甜樱桃两种，前者主要用于食品加工，而后者则通常是即食水果，也就是说可以直接吃。新鲜的樱桃难于保存，因而其市场价格也比较高。

    A 樱桃不易保存

    B 樱桃的产量很大

    C 酸樱桃有助于消化

    D 酸樱桃的价格比甜樱桃高

62. 人们常常跟别人谈上几分钟，就可以猜出对方的职业，比如："您看起来像位老师。""您是位工程师吧？"这些话在日常生活中经常可以听到。这种判断通常是根据一个人说话时所表现出来的职业特点做出的。

    A 不要议论他人

    B 工程师很受人们尊敬

    C 聊天儿可以增进感情

    D 谈话反映一个人的职业特点

63. 互联网是一个信息丰富的世界，信息交流速度快，自由度强，实现了全球信息共享。中学生可以在网上浏览世界，认识世界，了解世界最新的新闻信息、科技动态等。这极大地开阔了他们的视野，给学习、生活带来了巨大的便利和乐趣。

    A 网络安全是个大问题

    B 网络方便了中学生的学习

    C 中学生要学会分辨信息的真假

    D 经常上网不利于小孩子的身体健康

64. 小孙子刚开始学认字，奶奶问他："广字底下一个木是什么字？"小孙子毫不犹豫地回答："床。"奶奶点了点头，又问："那广底下两个木呢？"小孙子认真地想了想，回答说："一个木是床，两个木当然是双人床了。"

    A 奶奶有点儿不耐烦

    B 小孙子刚上幼儿园

    C 小孙子在学习成语

    D 小孙子认识的字不多

65. 对有些人来说，兴趣广泛不一定是件好事。每个人的精力和时间是有限的，在这有限的时间里，我们真正能专心去做的事情并不是很多。如果既对这个感兴趣，又对那个感兴趣，做一会儿这个，做一会儿那个，那么到最后的结果可能就是什么都做了，但什么也没做成。

   A 想得多未必是好事
   B 应该做一个兴趣广泛的人
   C 兴趣广泛不一定适合所有人
   D 做一件事情应该有充分的理由

66. 鸡蛋易碎，所以看护好鸡蛋，有一定风险。若将所有的鸡蛋都放在一个篮子里，则风险更大。因为万一失手，鸡蛋就有可能全部打碎。所以，不要把鸡蛋放在一个篮子里。这样，即使一个篮子里的鸡蛋打碎了，其他篮子里的鸡蛋还完好无损。

   A 鸡蛋要轻拿轻放
   B 分散可以减少风险
   C 矛盾总是先产生于内部
   D 把鸡蛋放在篮子里不安全

67. 汽车是现代人最常用的交通工具，很多人出行时都会选择开车或者坐车。但是，传统的汽车不仅耗费了大量的能源，对环境也造成了严重的破坏。因此，为了节约能源，保护环境，目前，世界上许多国家都在积极研发、推广新能源汽车。

   A 新能源汽车更环保
   B 新能源汽车造价很高
   C 坐地铁比开车快很多
   D 出行要尽量乘坐公交车

68. 沈括是北宋时期著名的科学家。他自幼勤奋，14 岁就读完了家中的藏书，后来跟随父亲去过很多地方，增长了不少见闻，晚年时写下了巨著《梦溪笔谈》，书中详细记载了天文、地理、物理、农学和医学等方面的研究成果，反映了中国古代特别是北宋时期自然科学达到的辉煌成就。

   A 沈括有很多发明
   B 沈括小时候学习刻苦
   C 《梦溪笔谈》是部历史小说
   D 《梦溪笔谈》是沈括早期的作品

69. 火箭飞向月球需要一定的速度和质量，而火箭如此庞大，是无论如何也无法飞上天的。因此，很长一段时间，科学界一致认定：火箭根本不可能被送上月球。直到有人提出"分级火箭"的思想，这一问题才得到解决。将火箭分成若干级，第一级将其他级送出大气层时便自行脱落以减轻质量，这样火箭的其他部分就能轻松地飞向月球了。

   A 火箭一共分两级

   B 火箭的研制费用降低了

   C 火箭目前无法送上月球

   D 火箭的第一级可自行脱落

70. 早在两亿多年前，海龟就出现在地球上了。海龟的寿命最长可达152年，是动物中当之无愧的老寿星。因此，人们把龟视为长寿的象征。目前海洋中共有8种海龟，有4种产于中国，主要分布在山东、福建、海南、浙江和广东沿海，其中数量最多的是绿海龟。

   A 海龟的寿命普遍很长

   B 海龟是最古老的动物

   C 海龟的药用价值很高

   D 中国海龟的数量较少

第三部分

第 71-90 题：请选出正确答案。

71-74.

　　一只新组装好的小钟被放到了两只旧钟跟前。两只旧钟"滴答滴答"一分一秒地走着。一只旧钟对小钟说："来吧，你也该工作了。可是我有点儿担心，你走完 3100 多万次以后，恐怕便吃不消了。"

　　"天哪！3100 多万次？"小钟吃惊不已，"要我做这么大的事？办不到，办不到。"

　　但另一只旧钟却说："别听他瞎说。不用害怕，其实你只要每秒钟'滴答'一下就行了。"

　　"天下哪有这样简单的事情。"小钟将信将疑。

　　那只旧钟说："那你何不试试呢？"

　　"好吧。"小钟很轻松地开始"滴答"起来。它每秒钟"滴答"一下，不知不觉中，一年过去了，它摆了 3100 多万次。

　　每个人都希望梦想成真，成功却似乎远在天边，遥不可及。倦怠和不自信让我们怀疑自己的能力，最终放弃努力。其实，我们不必想一年甚至一个月之后的事，只要想着今天我要做些什么，明天我该做些什么，然后努力去完成，就像那只钟一样，每秒"滴答"一下，成功的喜悦就会慢慢渗入我们的生命。

71. 小钟觉得什么很简单？
    A 计算时间
    B 每秒"滴答"一下
    C 跟另外两只钟比赛
    D 一年摆 3100 多万次

72. 根据上文，有时候我们放弃努力是因为：
    A 能力不够
    B 梦想不切实际
    C 不能适应新环境
    D 把困难想得太大了

73. 根据上文，下列哪项正确？
    A 小钟被重新组装了
    B 小钟比旧钟走得快
    C 小钟"滴答"得很轻松
    D 两只旧钟对小钟不满意

74. 上文主要想告诉我们什么？
    A 成功需要坚持
    B 不要总是找借口
    C 应该严格要求自己
    D 计划往往赶不上变化

75-78.

新学期开始时，校长把三位老师叫进办公室，对他
们说："根据你们过去的教学表现，你们是本校最优秀
的教师。因此，我们特意挑选了全校最聪明的100名学
生组成三个班让你们教。这些学生比别的孩子都要聪
明，希望你们能让他们取得更好的成绩。"三位老师都
高兴地表示一定尽力。

校长又叮嘱他们，对待这些孩子，要像平常一样，不要让孩子或家长知道他
们是被特意挑选出来的。老师们都答应了。

一年之后，这三个班的学生成绩果然排在整个地区的前列。

这时，校长告诉了老师真相：这些学生并不是刻意选出来的最优秀的学生，
只不过是随机抽调的普通学生。

老师们没想到会是这样，经过分析，他们都认为自己的教学水平高才是真正
的原因。

这时校长又告诉他们另一个真相，那就是，他们也不是被专门挑选出来的全
校最优秀的教师，也只是随机抽调的普通老师。

75．开始，校长跟三位老师说：
    A 这些学生很懒   B 他们是最棒的教师
    C 这些学生是最笨的   D 他们受到了家长的欢迎

76．校长希望老师怎么对待这些学生？
    A 要多鼓励学生   B 允许学生犯错误
    C 像普通学生那样对待   D 要培养学生独立思考的能力

77．老师们认为自己的教学水平怎么样？
    A 很糟糕   B 非常出色
    C 属于中等水平   D 实际上很普通

78．上文主要想告诉我们：
    A 万事开头难   B 不要轻信他人
    C 努力了未必能成功   D 别人的看法对我们影响很大

79-82.

　　一位科学家跟一位诗人搭乘同一列火车，两人互不相识。因为很无聊，科学家对诗人说："你要不要跟我玩儿个游戏？"诗人看了看科学家，没有搭腔。

　　科学家继续说："我是科学家，我们互相问对方问题，答不出来的要给 5 块钱，怎么样？"诗人想自己不太容易赢科学家，于是委婉地拒绝了。

　　科学家仍不死心："这样好了，你答不出来只要给我 5 块，如果我答不出来，就给你 50 块，这样可以了吧？"诗人于是答应了他。

　　科学家问："地球到月亮之间有多少公里？"诗人答不出来，直接拿了 5 块给科学家。

　　接着，诗人问："什么东西上山时是四条腿，下山时是五条腿？"科学家迷惑地看着诗人，拿出了几张纸，开始在上面计算着，一直到火车到站的时候，他也没算出答案是什么，只好拿了 50 块给诗人。

　　科学家最后便问："那答案是什么？告诉我吧。"只见诗人耸耸肩，拿了 5 块钱给他，然后得意地走了。

79. 科学家为什么提出要玩游戏？
　　A 觉得无聊　　　　　　　　　B 想认识诗人
　　C 想换一些零钱　　　　　　　D 要证明自己比诗人聪明

80. 诗人刚开始为什么拒绝玩儿游戏？
　　A 没有带钱　　　　　　　　　B 担心被骗
　　C 他的运气太差　　　　　　　D 觉得赢的可能性小

81. 关于诗人，可以知道什么？
　　A 提了两个问题　　　　　　　B 最后赢了 40 块钱
　　C 懂得很多科学知识　　　　　D 获得了科学家的赞美

82. 根据上文，下列哪项正确？
　　A 科学家很感激诗人　　　　　B 诗人认为游戏不公平
　　C 科学家比诗人先上火车　　　D 诗人也不知道问题的答案

83-86.

　　有一位青年去求职，应聘几家单位都被拒之门外，感到十分沮丧。最后，他抱着一线希望又去一家公司应聘。在此之前，他先去打听了该公司老总的历史。通过了解，发现这个公司老总以前也有与自己相似的经历。他如获珍宝，在应聘时，他就与老总畅谈自己的求职经历，以及自己怀才不遇的愤慨。果然，这一席话博得了老总的赏识和同情，最终他被录用为业务经理。

　　这就是所谓的"名片效应"，即两个人在交往时，如果首先表明自己与对方的态度和价值观相同，就会使对方感到你与他有很多的相似性，从而很快地缩小与你的心理距离，更愿意同你接近，结成良好的人际关系。在这里，有意识、有目的地向对方表明态度和观点，就如同名片一样，可以把自己介绍给对方。

　　恰当地使用"心理名片"，可以尽快促成人际关系的建立。但要使"心理名片"起到应有的作用，首先，要善于捕捉对方的信息，把握对方真实的态度，寻找其积极的、你可以接受的观点，制作一张有效的"心理名片"；其次，寻找时机，恰到好处地向对方出示你的"心理名片"。掌握"心理名片"的应用艺术，对于处理好人际关系具有很大的实用价值。

83. 那位青年去那家公司应聘之前：
　　A 一直在做销售　　　　　　　B 制作了新的名片
　　C 买了套很正式的服装　　　　D 对公司老总做了些调查

84. 关于那位青年，可以知道什么？
　　A 刚刚大学毕业　　　　　　　B 做过心理咨询师
　　C 公司老总很欣赏他　　　　　D 与公司老总是校友

85. 关于"名片效应"，下列哪项正确？
　　A 能提高表达能力　　　　　　B 能缩短人与人之间的距离
　　C 可以为企业创造更多的利润　D 以改变自己的价值观为基础

86. 上文主要谈的是：
　　A 怎样与领导打交道　　　　　B 人际关系是重要资源
　　C 尊重别人就是尊重自己　　　D "心理名片"的应用价值

87-90.

一家大公司的一位高级负责人因为工作失误，给公司造成了 1000 万元的损失，这件事对他打击非常大。

几天后，这位负责人接到了董事长接见的通知。在办公室里，他被告知调任同等重要的一个新职务。这一结果大大出乎他的意料，他十分惊讶地问道："董事长，我犯了如此重大的错误，您为何不把我开除或降职？"

"如果那样处理的话，岂不是在你身上白花了 1000 万元的'学费'？"董事长回答说。

谈话还不到 10 分钟，却给了这位高级负责人极大的鼓励和深刻的教育。他在以后的工作中，以惊人的毅力和智慧为公司的发展立下了汗马功劳。

在这个世界上，还没有不犯错误的人，谁都希望自己犯了错误之后能得到别人的原谅。原谅别人就是信任别人，把他能够做的事交给他继续做下去。不信任的原谅，其实还算不上真正的原谅。信任是最好的原谅。

"只有一个方法，可以使过去的错误成为有价值和建设性的经历，那就是冷静地分析我们过去的错误。因错误而获益，然后忘记错误。"董事长说，"我们允许下属出错，如果哪个人在犯过几次错误之后变得'茁壮'了，在公司看来是很有价值的。"

87. 关于那位负责人，可以知道：
   A 主动离职了　　　　　　　　B 提前退休了
   C 被董事长批评了　　　　　　D 继续留在了公司

88. 怎样使过去的错误成为有价值的经历？
   A 总结教训　　　　　　　　　B 信任别人
   C 永远不要灰心　　　　　　　D 珍惜现在的生活

89. 第 6 段中"茁壮"的意思最可能是：
   A 更优秀　　　　　　　　　　B 更健康
   C 更好奇　　　　　　　　　　D 更勤奋

90. 最适合做上文标题的是什么？
   A 虚心使人进步　　　　　　　B 信任是最好的原谅
   C 在竞争中取得胜利　　　　　D 做个有价值的员工

三、书 写

第 91-98 题：完成句子。

例如：发表　　这篇论文　　什么时候　　是　　的

　　　这篇论文是什么时候发表的？

91. 灵活　　处理　　遇到问题　　要

92. 开幕式　　出席　　她　　答应

93. 佩服　　勇气　　那些士兵的　　真让人

94. 做　　心脏手术　　风险　　一定的　　有

95. 本场比赛的　　他　　解说员　　担任

96. 为我们　　乐观的态度　　能　　带来好运

97. 特别　　好　　隔音效果　　这种玻璃

98. 东西方文化的　　交流　　丝绸之路　　促进了

第二部分

第 99-100 题：写短文。

99. 请结合下列词语（要全部使用，顺序不分先后），写一篇 80 字左右的短文。

　决赛　格外　可惜　总结　争取

100. 请结合这张图片写一篇 80 字左右的短文。

H51114 卷听力材料

（音乐，30秒，渐弱）

大家好！欢迎参加 HSK（五级）考试。
大家好！欢迎参加 HSK（五级）考试。
大家好！欢迎参加 HSK（五级）考试。

HSK（五级）听力考试分两部分，共 45 题。
请大家注意，听力考试现在开始。

第一部分

第 1 到 20 题，请选出正确答案。现在开始第 1 题：

1. 女：怎么在这儿碰到你了？你不是今天上午的飞机吗？
   男：别提了，早上接到通知，那个会临时取消了。
   问：根据对话，下列哪项正确？

2. 男：姥姥，您慢点儿，小心台阶。
   女：没事儿，我天天都去锻炼身体，身体好着呢。
   问：男的提醒姥姥什么？

3. 女：你们宿舍现在住几个人？
   男：本来是四个，不过这个学期有一个人搬走了。
   问：关于男的，可以知道什么？

4. 男：你是不是感冒了？一直打喷嚏。
   女：是感冒了，都怪我家那口子，把感冒传染给我了。
   问：女的是怎么感冒的？

5. 女：《战争与和平》这本书你看过吗？
   男：上大学时读过，不过现在已经没什么印象了。
   问：他们在谈论哪本书？

6. 男：你点右键，选复制，然后把它粘贴在这个文件夹里就行了。
   女：原来这么简单啊。
   问：女的最可能在学什么？

7. 女：外面又是闪电又是打雷的，咱们等会儿再走吧。
   男：没问题，我正好还有些事没弄完。
   问：现在外面天气怎么样？

8. 男：刚才打你电话一直占线，你在给谁打电话呢？
   女：我的同事小高，失恋了，我刚才在电话里安慰她呢。
   问：小高怎么了？

9. 女：马上就国庆节了，国庆节放假你准备做什么？
   男：我要回家，我姐姐国庆节结婚，机票都已经买好了。
   问：关于男的，可以知道什么？

10. 男：王经理，这个项目咱们有把握拿下吗？
    女：如果不出意外的话，应该没什么问题。
    问：根据对话，可以知道什么？

11. 女：您这儿有大一点儿的信封吗？我想把这些发票装起来。
    男：稍等一下，我把这两页材料传真过去就给你拿。
    问：女的想要什么？

12. 男：晚上我们去吃烤鸭吧，就是在火车站东边的那家。
    女：那家店最近在装修，不营业，我们换个地方吧。
    问：关于那家烤鸭店，下列哪项正确？

13. 女：这件事还是先征求一下大家的意见再做决定吧。
    男：要不干脆开个会，看看大家是什么意见。
    问：男的认为应该怎么做？

14. 男：要保持营养均衡，除了吃肉外，还要多吃蔬菜。
    女：知道了，爸，您已经重复多少遍了！
    问：父亲希望女儿怎么样？

15. 女：北京的春天太干燥了，这么久一场雨也没有下。
    男：是啊，所以说"春雨贵如油"。
    问：男的觉得北京的春雨怎么样？

16. 男：妈，您把我的充电器放哪儿了？
    女：就在电视柜下面的抽屉里。
    问：充电器放哪儿了？

17. 女：最近忙什么呢，好长时间没看到你了。
　　男：我快要毕业了，一边写论文，一边在公司实习。
　　问：关于男的，可以知道什么？

18. 男：马主任，对不起，这是我的辞职信，我现在去办理交接手续。
　　女：你真的不再考虑一下了吗？
　　问：女的是什么意思？

19. 女：您一共消费了五百元，请问您是刷卡还是付现金？
　　男：现金不够了，我刷卡。
　　问：关于男的，下列哪项正确？

20. 男：这本书我在书店没买到，你那儿有电子版的吗？
　　女：有，在网上有免费下载的，我拷给你吧。
　　问：关于女的，可以知道什么？

第二部分

第 21 到 45 题，请选出正确答案。现在开始第 21 题：

21. 女：这盆花麻烦你帮我照看几天。
　　男：没问题，我该怎么做？
　　女：两天浇一次水，一般就放在阳台上，让它多晒太阳。
　　男：就这么简单？那你放心吧。
　　问：女的请男的帮什么忙？

22. 男：社长，咱们还需要美术编辑吗？
　　女：当然需要，你有什么人要推荐吗？
　　男：我有个师妹是学这个专业的，在学校就表现很突出。
　　女：好啊，约个时间，我见见她。
　　问：根据对话，可以知道什么？

23. 女：我们又得搬家了，到现在还没找到合适的房子呢。
　　男：怎么又要搬家？现在租的那套房子呢？
　　女：房东要卖房子。
　　男：别着急，慢慢找。你们的合同不是六月份才到期吗？
　　问：女的为什么要搬家？

24. 男：赵老师，谢谢您，多亏您给我那瓶药，很管用。
    女：别客气，好了吗？皮肤不过敏了？
    男：好了，一个礼拜就好了。
    女：那就好。还得注意，别吃海鲜。
    问：关于男的，可以知道什么？

25. 女：呀，你的手流血了。
    男：刚刚擦玻璃的时候不小心弄破了。
    女：你坐这儿别动，我给你包一下。
    男：不要紧，没事。
    问：男的怎么了？

26. 男：你好，还有房间吗？
    女：有，标准间和套间都有，您要……
    男：我要两个标准间。
    女：好，请出示一下身份证，我来帮您办理入住。
    问：男的想要什么样的房间？

27. 女：这么多数据都是你自己算的？
    男：没有，我请人设计了一个程序。
    女：那处理起来就快多了。
    男：是啊，帮我省下许多时间来做别的。
    问：那些数据处理得怎么样了？

28. 男：北京的各大名胜古迹，你最喜欢哪儿？
    女：故宫、长城、颐和园，我都很喜欢。
    男：这些地方你都去过了？
    女：是的，我来北京的第一年就去过了。
    问：他们在谈论什么？

29. 女：怎么了？这菜不合口味？
    男：味道还可以，就是稍微淡了点儿。
    女：大夫说你血压高，要少吃盐。
    男：行，听你的。
    问：男的觉得这个菜怎么样？

30. 男：小张，你把这份文件给人事部李经理送过去。
    女：好的，需要我说什么吗？
    男：不用了，我刚才给他打过电话了。
    女：好，我这就去。
    问：男的刚才给谁打电话了？

第 31 到 32 题是根据下面一段话：

一位渔夫和一位哲学家在一条河上相遇了。

哲学家问："你会外语吗？"渔夫回答："不会。"哲学家又问："你懂得历史吗？"渔夫还是回答："不懂。"哲学家对渔夫说："那你等于失去了半条生命。"

突然，一阵狂风吹翻了小船，渔夫和哲学家都掉进了河里。渔夫问哲学家："你会游泳吗？"哲学家说："不会。"渔夫说："那你将失去整个生命。"

31．关于哲学家，可以知道什么？
32．小船最后怎么了？

第 33 到 35 题是根据下面一段话：

我刚开始学滑雪的时候，最大的体会就是停不下来。我那时没有请教练，看着别人滑雪，觉得很容易，不就是从山顶滑到山下吗？于是我穿上滑雪板，哧溜一下就滑下去了，结果我实际上是从山顶滚到了山下，摔了很多个跟头。我发现自己根本就不知道怎么停止、怎么保持平衡。最后我反复练习怎么在雪地上、斜坡上停下来。练了一个星期，我终于学会了在任何坡上停止、滑行、再停止。这个时候我就发现自己会滑雪了，敢从山顶高速地往山坡下冲。因为我知道只要我想停，一转身就能停下来。只要你能停下来，你就不会撞上树、撞上石头、撞上人。因此，只有知道如何停止的人，才知道如何高速前进。

33．说话人是怎么学滑雪的？
34．说话人遇到的最大问题是什么？
35．这段话主要想告诉我们什么？

第 36 到 38 题是根据下面一段话：

常常有人跟我说，很想投资，就是没钱。他们的误区在于，总认为投资得有一大笔钱才能开始，投资一次性至少也得是十万八万的，否则就没什么意义。但是富人的钱也是从一块钱攒起来的，财务自由不是一天就可以实现的。我家的一个邻居王太太，刚搬来时就在餐厅里刷盘子，她把遗弃的各种废旧瓶子都积攒起来卖钱，看上去值不了几个钱的东西她也从来不放过。现在她的资产已经超过千万了，所有的积蓄都是她从不起眼的小钱投资开始的。我这里并不是建议大家要如此的朴素，但这个经验是很有价值的，别看不起它，要从小钱开始。

36．很多人的错误认识是什么？
37．关于王太太，可以知道什么？
38．对王太太的经验，说话人怎么看？

第 39 到 41 题是根据下面一段话：

有一个人做了一个梦，梦中，他来到一个地方。走进第一层时，他发现有一张长长的大桌子，上面摆满了丰盛的食物，桌子旁边都坐着人，可是没有一个人能吃得到，因为大家的胳膊受到魔法师控制，全都变成了直的，不能弯曲，桌上的美食，也就无法吃到，所以个个愁苦满面。但是他听到楼上却充满了笑声，他好奇地上楼一看，同样的也有一群人，胳膊也都不能弯曲，但是大家却吃得兴高采烈。原来虽然他们的胳膊不能弯曲，但大家互相帮助夹菜喂食，结果都吃得很尽兴。

在生命的道路上，没有一个人可以完全不依靠别人而独立生活，先主动伸出友谊的手，你会发现原来四周有这么多的朋友。

39．一层的人怎么样？
40．一层和二层的人有什么共同的地方？
41．这段话主要想告诉我们什么？

第 42 到 43 题是根据下面一段话：

追求完美，严格要求自己，这是一种难能可贵的品质。但是，在现实生活中，追求完美是不实际的，因为世界上根本没有完美的人和事。心理学家指出，过度追求完美是一种不健康的心理，这样的人往往会以自我为中心，从自己的角度去要求和判断别人。长期下去，不仅让周围的人承受巨大压力，影响人际交往，同时也不利于自己的身心健康。所以，学会调整自己的心态很重要。

42．追求完美的人有什么特点？
43．这段话想告诉我们什么？

第 44 到 45 题是根据下面一段话：

以前，人们跳槽的一个重要标准就是收入要有增长；而如今，许多人换新的工作时，把工资的增长看得越来越淡了，如果新工作有发展空间、压力小、能发挥自己的特长，即使收入和以前持平，甚至低一点儿也无所谓。当有了一定的物质基础之后，工作就有了新的意义，或者是实现自我价值，或者是能给自己带来快乐。

44．"跳槽"指的是什么意思？
45．根据这段话，人们找工作有什么变化？

听力考试现在结束。

一、听 力

第一部分

1. C	2. B	3. A	4. C	5. C
6. C	7. D	8. C	9. D	10. D
11. A	12. A	13. A	14. C	15. B
16. A	17. A	18. D	19. C	20. A

第二部分

21. B	22. D	23. C	24. D	25. C
26. C	27. C	28. B	29. C	30. B
31. C	32. A	33. A	34. A	35. D
36. D	37. A	38. A	39. A	40. C
41. C	42. D	43. D	44. B	45. D

二、阅 读

第一部分

46. B	47. D	48. C	49. B	50. C
51. B	52. B	53. A	54. B	55. B
56. C	57. C	58. B	59. D	60. A

第二部分

61. A	62. D	63. B	64. D	65. C
66. B	67. A	68. B	69. D	70. A

第三部分

71. B	72. D	73. C	74. A	75. B
76. C	77. B	78. D	79. A	80. D
81. B	82. D	83. D	84. C	85. B
86. D	87. D	88. A	89. A	90. B

三、书 写

第一部分

91. 遇到问题要灵活处理。
92. 她答应出席开幕式。
93. 那些士兵的勇气真让人佩服。
94. 做心脏手术有一定的风险。
95. 他担任本场比赛的解说员。
96. 乐观的态度能为我们带来好运。
97. 这种玻璃隔音效果特别好。
98. 丝绸之路促进了东西方文化的交流。

第二部分

（略）

国家汉办/孔子学院总部
Hanban/Confucius Institute Headquarters

新汉语水平考试

HSK（五级）

H51115

注　　意

一、HSK（五级）分三部分：

    1. 听力（45题，约30分钟）

    2. 阅读（45题，45分钟）

    3. 书写（10题，40分钟）

二、听力结束后，有**5分钟**填写答题卡。

三、全部考试约125分钟（含考生填写个人信息时间5分钟）。

中国　北京　　　　　　　　　　国家汉办/孔子学院总部　编制

一、听 力

第一部分

第 1-20 题：请选出正确答案。

1.　A 想换宿舍
　　B 在谈恋爱
　　C 不认识李秘书
　　D 跟李秘书是同学

2.　A 头晕
　　B 着凉了
　　C 嗓子不舒服
　　D 昨晚失眠了

3.　A 电脑坏了
　　B 电脑质量不好
　　C 移动硬盘丢了
　　D 那个文件被删除了

4.　A 考驾照
　　B 开书店
　　C 经营餐厅
　　D 开发房地产

5.　A 要尊重孩子
　　B 要珍惜现在
　　C 要少看动画片
　　D 吃零食对身体不好

6.　A 还需修改
　　B 时间写错了
　　C 非常有价值
　　D 写得很详细

7.　A 要公平竞争
　　B 有压力才有动力
　　C 杀毒软件免费是趋势
　　D 天下没有免费的午餐

8.　A 刚辞职
　　B 已毕业
　　C 没带复印件
　　D 有点儿不耐烦

9.　A 中奖了
　　B 有人请客
　　C 涨工资了
　　D 发奖金了

10.　A 喜欢大自然
　　 B 地理很有趣
　　 C 地理学得不好
　　 D 了解一些地理常识

11.　A 换家具
　　 B 交房租
　　 C 装修厨房
　　 D 下水道漏水

12.　A 拍照
　　 B 修相机
　　 C 冲洗照片
　　 D 教他使用相机

13. A 胃疼

    B 想吃海鲜

    C 觉得菜太辣

    D 觉得过敏了

14. A 很荣幸

    B 有些犹豫

    C 不想逛超市

    D 填过问卷了

15. A 有人反对

    B 证据不够

    C 能按时起飞

    D 缺乏保护措施

16. A 比较贵

    B 味道很好

    C 其实很清淡

    D 制作规程复杂

17. A 放暑假了

    B 儿子太调皮

    C 儿子不善交际

    D 儿子对象棋感兴趣

18. A 不太好

    B 很晚才睡

    C 被吵醒了

    D 做了很多梦

19. A 需要支持

    B 没有信心

    C 一定努力完成

    D 面临许多困难

20. A 换律师

    B 另想办法

    C 赔偿对方

    D 拒绝对方的要求

第 二 部 分

第 21-45 题：请选出正确答案。

21. **A** 破产了
    B 买保险了
    C 贷款买房了
    D 买股票赔了钱

22. **A** 飞机晚点了
    B 航班取消了
    C 男的没带钥匙
    D 女的在做家务

23. **A** 考试前填写
    B 用钢笔填写
    C 成绩出来后填写
    D 由专家指导填写

24. **A** 登机
    B 修空调
    C 接待顾客
    D 安装书架

25. **A** 资金不足
    B 利润很高
    C 准备换新设备
    D 得到了政府的帮助

26. **A** 国外
    B 郊区
    C 西部
    D 南方

27. **A** 待遇好
    B 有挑战性
    C 工作稳定
    D 可以经常出差

28. **A** 手机信号不好
    B 邮箱地址有误
    C 市长不出席活动
    D 还有两人没联系上

29. **A** 结账
    B 点菜
    C 换零钱
    D 订房间

30. **A** 是会计
    B 忘带材料了
    C 是来送东西的
    D 在交流处工作

31. **A** 结果不理想
    B 对象是大学生
    C 持续了十几年
    D 调查了 90 多人

32. **A** 每天跑步
    B 跑步时要专心
    C 多呼吸新鲜空气
    D 多换换跑步路线

33. A 很寂寞
   B 有人喂养
   C 活了下来
   D 喜欢呆在笼子里

34. A 共同生活
   B 分享食物
   C 互换生活环境
   D 一起去寻找新环境

35. A 自由高于一切
   B 动物也有感情
   C 要善于发现对方的优点
   D 别人的幸福不一定适合你

36. A 只说细节
   B 主动报告
   C 老板高兴时再沟通
   D 主要通过邮件沟通

37. A 要让老板放心
   B 要多和下属沟通
   C 与领导交流很困难
   D 老板总是心情很糟

38. A 如何管理公司
   B 怎样提高工作效率
   C 怎样成为一名老板
   D 如何取得老板的信任

39. A 被辞退了
   B 没得到重用
   C 损失了一笔钱
   D 和女朋友分手了

40. A 年轻人很热情
   B 金戒指找回来了
   C 叔叔不打算结婚
   D 叔叔把项链扔了

41. A 做个普通人
   B 要坚持原则
   C 首先要自己优秀
   D 困难只是暂时的

42. A 写感谢信
   B 电话询问原因
   C 应聘其他部门
   D 思考自己的缺点

43. A 保留
   B 重新查阅
   C 退给求职者
   D 推荐给其他公司

44. A 知识丰富
   B 了解自己
   C 非常自信
   D 自己很聪明

45. A 贵在行动
   B 自己的路自己走
   C 人贵有自知之明
   D 三人行，必有我师

二、阅 读

第一部分

第46-60题：请选出正确答案。

46-49.

　　有个人不小心丢了一双新买的鞋子，为此他独自 _46_ 在家里茶不思，饭不想，难过了好几天。这天，他强打着精神来到街上闲逛，无意中看到一个只有一条腿的残疾人 _47_ 地与别人聊天儿。突然，他自言自语道：这个世界上 _48_ 一条腿的人都能如此快乐，我只丢了一双鞋，_49_ ？想到这里，他身上所有的不快都烟消云散了。

46．**A** 躲　　　　**B** 存　　　　**C** 逃　　　　**D** 闯
47．**A** 灰心　　　**B** 热心　　　**C** 虚心　　　**D** 开心
48．**A** 去世　　　**B** 失去　　　**C** 受伤　　　**D** 消失
49．**A** 又算得了什么呢　　　　　　**B** 谁能帮我找回来
　　　C 是否应该再试试　　　　　　**D** 我能像他一样快乐吗

50-53.

　　兔子和猴子好几天没吃东西了。在路上，它们发现了一个洞穴，里面有个神像和两个盒子。
　　兔子祈求神像："我们几天没吃东西了，这样下去会饿死的……"
　　神像说："这儿有两个盒子，一个装满食物，一个是空的，你不能动盒子，只能通过 _50_ 来选择一个。"
　　兔子说："_51_ 。"
　　听了这话，一个盒子开口了："我才不是空的……"
　　兔子一听，_52_ 手抱走另一个盒子。打开一看，里面果然都是食物。
　　猴子大惑不解地问："你怎么知道这个盒子里有食物？"
　　兔子笑着说："肚子空空的人，最怕别人说他是空的；肚子里有 _53_ 的人，你说他什么他都不在乎。"

50．**A** 观察　　　**B** 威胁　　　**C** 幻想　　　**D** 训练
51．**A** 那我两个都要　　　　　　　**B** 那我来想想办法吧
　　　C 可我只想要有食物的盒子　　**D** 我看这两个盒子肯定都是空的
52．**A** 摸　　　　**B** 伸　　　　**C** 拍　　　　**D** 摇
53．**A** 醋　　　　**B** 货　　　　**C** 锁　　　　**D** 雾

54-56.

　　苏洵天性活泼好动，喜欢游山玩水，20多岁仍一事无成。

　　有一天他闲着无聊，在书房随手翻开一本书，看到一则古人 54 时间、刻苦用功的故事。这个故事，就像一面镜子，一下子映照出他20多年的荒唐。从那一刻起，他重新打开那些落满 55 的书卷。那年他已经27岁了。

　　只过了一年多，他的学业就大有进步。多年后，他到京城去闯天下，一举成名。

　　尽管浪费了不少时间，但是苏洵及时醒悟，最终成为著名的文学家。人生处处都是起点，只要 56 住现在，就能获得改变命运的机会。

　　54. A 爱惜　　　　B 敬爱　　　　C 爱护　　　　D 疼爱
　　55. A 形象　　　　B 灰尘　　　　C 液体　　　　D 气氛
　　56. A 抓紧　　　　B 欣赏　　　　C 把握　　　　D 建设

57-60.

　　一项研究表明：交通事故的发生，与汽车颜色有着 57 的联系。其中，黑色汽车是最容易发生事故的。灰色和银色汽车的 58 性仅次于黑色汽车，然后是红色、蓝色和绿色汽车，再其次是黄色汽车，而白色汽车最安全。白色汽车出车祸的概率最小， 59 ，这可能与白色对光线的反射率较高、易于识别有关。不过，如果进行 60 的色彩搭配，也可以提高某些暗色的视觉效果，比如蓝色或者绿色和白色相配就比较醒目，被不少国家用于警车上。总的来说，颜色浅淡鲜亮的车比深色车要安全一些。

　　57. A 唯一　　　　B 全面　　　　C 密切　　　　D 紧急
　　58. A 相似　　　　B 危险　　　　C 保险　　　　D 规律
　　59. A 白色使人感觉凉快　　　　　B 黄色与白色比较接近
　　　　C 白色成为汽车的安全色　　　D 但很多人不喜欢买白色汽车
　　60. A 合理　　　　B 可靠　　　　C 合法　　　　D 实用

第二部分

第61-70题：请选出与试题内容一致的一项。

61. 有个人给齐王画画儿。齐王问："什么最难画？"这个人回答说："狗和马。"齐王又问："画什么最容易？""画鬼。"齐王问："为什么？"画家说："狗和马，每个人都知道，只要稍微画得有一点儿不像，大家就能看出来。但是鬼，大家谁也没有见过，所以画起来就容易了。"

   A 齐王很幽默
   B 齐王想学画画儿
   C 那个人喜欢画小动物
   D 鬼好画是因为不受限制

62. 在网上，大量的信息迅速产生出来，其中许多未经选择，可靠性差，甚至是虚假信息；有许多信息随着时间的推移已经失效，但却因为各种原因难以清理，成为"信息垃圾"，影响人们更有效地吸收有用的信息。

   A 信息多，机会才多
   B 垃圾信息大都是病毒
   C 不要轻易在网上下载软件
   D 网络上有许多"信息垃圾"

63. 西安，古称长安，是举世闻名的世界四大文明古都之一，是中国历史上建都时间最长、建都朝代最多的都城，被称为"天然历史博物馆"。西安市拥有50个民族，汉族人口比例最高，少数民族以回族人口最多。

   A 西安工商业不太发达
   B 西安是历史悠久的古都
   C 西安有中国最大的博物馆
   D 西安是中国历史上最著名的城市

64. 孔子，春秋末期鲁国人，儒家学派的创始人，是中国古代著名的思想家、教育家。相传他有弟子3000，其中又有72个特别优秀的弟子。孔子曾经带着弟子周游列国14年，他的思想及学说对后世产生了极其深远的影响。

   A 孔子是大教育家
   B 孔子留下很多作品
   C 孔子的弟子都很出色
   D 孔子对军事很有研究

65. 年轻人要多交一些朋友，多见一些成功的前辈，多拜会一些学识渊博的老师。这个社会谁也不可能孤立地生活，多一个朋友，多一条道路，这些良师益友们能在最关键的时刻拉你一把。他们对你非常重要，但是他们不一定会主动出现在你的视线范围内，你需要主动去结交他们。

A 对待朋友要真诚
B 要接受朋友的批评
C 年轻人要理解父母
D 要多和优秀的人做朋友

66. 古时候有个财主，每次他请客，总是做一桌的豆腐给大家吃，一边吃还一边说："豆腐就是我的命。"有一次，他的邻居请他吃饭，桌子上有肉也有豆腐，可是财主只吃肉不吃豆腐，邻居问他："豆腐不是你的命吗？你怎么不吃呢？"财主头也不抬，大声说："有肉吃，我连命都不要了。"

A 财主非常小气
B 财主喜欢吃豆腐
C 多吃豆腐可以延长寿命
D 豆腐的营养价值比肉高

67. 早期阅读和早期识字是不同的概念。单纯对儿童进行识字教育，非但不能提升他们的阅读能力，反而有可能扼杀他们的阅读兴趣和热情。在亲情中享受阅读的乐趣，孩子会不知不觉地学会阅读、爱上阅读，进而发展他们的思维能力、语言能力和交际能力。

A 阅读能力需要培养
B 要鼓励孩子多提问
C 孩子的模仿能力很强
D 不要占用孩子游戏的时间

68. 唐代是中国古典诗歌发展的全盛时期。这一时期有很多伟大的诗人，他们的作品多保存在《全唐诗》中。诗的题材很广泛，涉及自然、社会、情感等各个方面。在创作方法上，有现实主义流派，也有浪漫主义流派，很多经典作品则两者兼具，因而成为优秀的文学遗产。

A 唐代的对外贸易很发达
B 唐诗更多关注个人情感
C 唐代是古典诗歌的繁荣时期
D 《全唐诗》多为现实主义作品

69. 男人购物一般都是有目的地去买，不喜欢闲逛；而女人购物则更为随意，是在逛、看、试、想这一系列的行为中产生的，她们购买的前提不是需要而是欲望，结果往往是买回一大堆自己根本不需要的东西。此外，女性是否购买和购买量的大小还会受到心情好坏的影响。

   A 女性多为时尚而购物

   B 男性购物易受他人影响

   C 女性购物往往受心情影响

   D 女性喜欢约朋友一起逛街

70. 黄山位于安徽南部，是中国十大风景名胜之一。黄山著名的景观有云海、奇松、怪石和温泉，被称为"四绝"。黄山多云雾天、阴雨天，年均气温 7.8℃。黄山游客最多的季节是夏季，特别是七八月间。但许多游客认为冬季是黄山最美的季节。

   A 黄山离海边很近

   B 黄山阴雨天气较多

   C 安徽金属资源丰富

   D 冬季去黄山的人最多

第三部分

第71-90题：请选出正确答案。

71-74.

　　船夫在河里划着桨。

　　风吹过来，对船夫说："我送你一程吧，这样你就不用这么费力了。"船夫高兴地说："好呀好呀。"于是，风吹着船，船往前漂去。

　　船夫虽然轻松了，可还是觉得划桨是件很麻烦的事情，便对风说："风啊，你能不能再使点儿劲儿？这样我就不用划桨了。"风说："可以呀。"于是，风加大了力度，吹着船在河里快速地行驶着。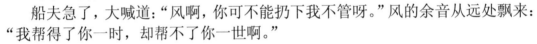

　　船夫感觉舒服极了，心想：既然有风了，我留着桨还有什么用呢？于是，船夫将桨扔进了河里。

　　过了一会儿，风停了，船在河里不动了。

　　船夫急了，大喊道："风啊，你可不能扔下我不管呀。"风的余音从远处飘来："我帮得了你一时，却帮不了你一世啊。"

71. 船夫为什么让风再使点儿劲儿？
　　A 天气太热　　　　　　　**B** 为了赶时间
　　C 快要下雨了　　　　　　**D** 不想自己划船

72. 船夫为什么把桨扔掉了？
　　A 桨坏了　　　　　　　　**B** 觉得用不着了
　　C 已经到目的地了　　　　**D** 想减轻船的重量

73. 根据上文，可以知道：
　　A 风最后停了　　　　　　**B** 船破了个洞
　　C 船夫落水了　　　　　　**D** 船被风吹翻了

74. 最适合做上文标题的是：
　　A 船夫与风　　　　　　　**B** 风的力量
　　C 狡猾的船夫　　　　　　**D** 船夫的智慧

75-78.

　　一个卖苹果的人遇到一个麻烦的老太太。"这么难看的苹果也要5块钱一斤？"老太太拿起一个苹果左看右看。卖苹果的人很耐心地解释："其实这苹果很不错，你可以去别家比较比较。"老太太说："4块，不然我不买。"

　　卖苹果的笑着说："不能再便宜了。""可你的苹果个头不大，颜色也不好，多丑啊。""要是又大又红又漂亮，就要卖10块钱一斤了。"

　　无论老太太怎么挑苹果的毛病，卖苹果的始终面带微笑、不急不躁地解释。老太太虽然嫌苹果这不好那不好，最终还是5块钱一斤买了。

　　老太太离开后，我问卖苹果的："她这么贬低你的苹果，你怎么不生气？"卖苹果的说："我为什么要生气呀？挑毛病的人才是真正想买货的人。"

　　的确如此，那位老太太，虽然嘴里说的是苹果的缺点，但心里对"丑苹果"还是比较满意的。如果她不想买，根本不关心苹果的好坏，更不会花时间去评价。

　　一个小师弟结婚才半年，就跑过来找我诉苦，说妻子对他是"<u>横挑鼻子竖挑眼</u>"，几乎每天都要挑出他一大堆毛病：饭后不洗碗、睡前不洗脚……

　　没等小师弟说完，我就打断了他，把上面的故事告诉了他。

　　"你就是那个'丑苹果'。和老太太的心理一样，你妻子对你还是满意的。你和'丑苹果'不同的是，它生来就是那副丑样子，已经无法改变了，而你可以改变，变成一个完美的'苹果'。"

75. 那些苹果：
　　A 特别酸　　　　　　　　B 是进口的
　　C 已经熟透了　　　　　　D 长得不太好看

76. 关于老太太，下列哪项正确？
　　A 失去了耐心　　　　　　B 也想做苹果生意
　　C 和卖苹果的很熟　　　　D 希望苹果再便宜些

77. 第6段中"横挑鼻子竖挑眼"的意思最可能是：
　　A 表情很严肃　　　　　　B 腿脚很灵活
　　C 从各方面找毛病　　　　D 无法判断苹果的好坏

78. 作者告诉小师弟那个故事是为了让他明白：
　　A 应该考虑离婚　　　　　B 道路是自己选择的
　　C 妻子希望他变得更好　　D 内心其实比长相更重要

79-82.

晚上我给孩子讲故事，故事是这样的：

有一天晚上，小红的妈妈端来两碗面条，一碗上面有个鸡蛋，一碗上面什么也没有，然后让小红选择，小红不假思索地选择了有鸡蛋的那一碗。等她吃的时候，才发现妈妈的那碗面下面居然藏着两个鸡蛋。

第二天晚上，小红的妈妈又端来了两碗面，仍然是一碗上面有个鸡蛋，一碗上面什么也没有，然后让她选择。小红吸取教训，选择了没有鸡蛋的那一碗，但是<u>出乎意料</u>，这碗面里没有像第一天晚上那样藏着鸡蛋，只是一碗面。小红迷惑地看着妈妈，妈妈告诉她："想占便宜的人，往往什么都得不到。"

第三天晚上，妈妈端来了两碗表面都没有鸡蛋的面条，让小红选择，小红却说："妈妈累了一天，妈妈先选。"妈妈笑了，随手拿起一碗。小红端起了另一碗。这一次，她们俩的碗里都藏着两个鸡蛋。

妈妈告诉小红："不想占便宜的人，生活也不会让他吃亏的。"

讲完这个故事，我问儿子："如果你是小红，你会如何来选择呢？"

儿子说："如果是我，我就把两碗面条倒进一个大盆里，搅拌匀了，再和妈妈分，这样才公平，才不会打架。"

我没想到儿子会这样说。那晚，我本来是想给儿子上一节道德教育课，没想到他却给我讲了一个看似平常却意义深刻的道理。面条的确是该公平地吃，其他的什么都不用考虑，生活中我们至少应该努力这样做。

79. 第二天晚上的两碗面条：
    A 都没有鸡蛋   **B** 都有两个鸡蛋
    C 都有一个鸡蛋   **D** 只有一碗有鸡蛋

80. 第3段中"出乎意料"的意思最可能是：
    A 完全没有想到   **B** 还有很多疑问
    C 一切都在计划之中   **D** 事情发生得太突然

81. 通过两碗面条，小红的妈妈想告诉她：
    A 要节约粮食   **B** 不可忽视细节
    C 不要总想着占便宜   **D** 打架解决不了问题

82. 儿子的回答说明了什么道理？
    A 别不懂装懂   **B** 做事情首先要公平
    C 要避免犯同样的错   **D** 要善于总结经验教训

83-86.

我们每个人都可以拥有快乐，这个快乐就是现在。现在我们可以吃饱穿暖，有可以容身的房屋，晚上可以进入梦乡，白天有事可做，那么我们有什么理由不快乐，有什么理由不感到幸福呢？

可是，事实上很多人都认为现在还不是享受快乐的时候，要等明天成功了，挣了很多钱，有了很高的地位，出了名……这样以后，再尽情地享受快乐与幸福。其实错了，钱在生活中并不是决定一切的，也许你现在没有太多的金钱，但是即使是有限的收入，只要你会合理运用，它同样可以带给你享受。

一笔有限的收入有两种安排法：一种是小心地将衣食住行考虑进去，虽然事事顾全了，但最终仍然一无所获。另一种是把钱花在自己喜好的事情上，如果难以兼顾的话，就先满足重要的方面，在其他方面牺牲一下。有些人对于把钱花在为家庭和自己的生活增加乐趣的事情上，总是犹犹豫豫，有些舍不得，他们只想着存钱以防不测，这样就浪费了人生的许多大好时光，实在是<u>捡了芝麻，丢了西瓜</u>。

83．根据第 1 段，下列哪项正确？
  A 要忘掉过去   **B** 明天会更好
  C 不要总是找借口   **D** 人人都能得到快乐

84．第 2 段中，很多人认为：
  A 有钱才有地位   **B** 钱是赚不完的
  C 要先赚钱后享受   **D** 钱一定要用来投资

85．第 3 段中"捡了芝麻，丢了西瓜"的意思最可能是：
  A 因小失大   **B** 要向前看
  C 要敢想敢做   **D** 得到的才是最好的

86．上文主要想告诉我们：
  A 投资要多样化   **B** 快乐其实很简单
  C 兴趣是最好的老师   **D** 不要浪费金钱和时间

87-90.

主持人将一个装满沙子的塑料桶放在 10 米之外，然后安排一位枪手和一位弓箭手上来，让他们做好向沙桶射击的准备。

这时，主持人给现场观众出了一道题：你认为子弹和弓箭，哪个能穿过这只沙桶？现场开始有人猜测：子弹每秒 300 至 500 米，跟音速差不多，而弓箭的速度连子弹的四分之一都不到。毫无疑问，能够穿过沙桶的肯定是子弹。

试验开始了，"啪"，子弹飞出去，一头钻进沙桶里，却不见它从另一端出来。轮到弓箭手了，他拉开弓弦，"嗖"的一下，想不到箭头居然从沙桶的另一端穿了出来。

这实在让人不可思议：子弹那么快的速度都射不透沙桶，弓箭那么慢的速度为什么却能轻而易举地穿过去呢？

答案就在弹头和箭的重量上。箭要比弹头重得多，尽管弓箭的速度比子弹慢，但凭借它的重量优势，依然能发出比子弹大得多的威力。也就是说，速度并不是成功的决定因素，而质量才是成功的关键所在。

现实中，许多人总是一味追求速度的提高，却忽视了自身素质的培养，自然很难获得成功。速度并不是成功的决定因素，只有沉下心来，刻苦"修炼"，把自己的"重量"提高了，才能走向成功。

87. 关于子弹，下列哪项正确？
    A 穿透了沙桶　　　　　　　　　B 速度接近音速
    C 弹头重量超过了箭　　　　　　D 根本没有碰到沙桶

88. 弓箭为什么能穿过沙桶？
    A 更重　　　　　　　　　　　　B 速度更快
    C 距离更近　　　　　　　　　　D 弓箭手技术好

89. 根据上文，下列哪项正确？
    A 枪手的枪法不准　　　　　　　B 试验结果令人吃惊
    C 主持人站在塑料桶旁边　　　　D 子弹和箭都穿过了沙桶

90. 上文主要想告诉我们：
    A 不要急于下结论　　　　　　　B 质量比速度更重要
    C 速度是成功的关键　　　　　　D 制定目标要符合实际

三、书 写

第一部分

第 91-98 题：完成句子。

例如：发表　　这篇论文　　什么时候　　是　　的

　　<u>这篇论文是什么时候发表的？</u>

91. 一种蔬菜　　土豆　　也　　是

92. 花盆　　被　　那个　　打碎了

93. 高速公路　　城市之间的距离　　缩短　　了

94. 利息　　又　　涨　　银行的　　了

95. 安静　　要　　博物馆内　　保持

96. 顺利　　今天的手术　　进行　　相当　　得

97. 隔壁　　搬来　　小伙子　　一个

98. 1860 年　　这座　　始建于　　雄伟的　　建筑

第二部分

第 99-100 题：写短文。

99. 请结合下列词语（要全部使用，顺序不分先后），写一篇 80 字左右的短文。

负责　惭愧　损失　细节　重视

100. 请结合这张图片写一篇 80 字左右的短文。

H51115 卷听力材料

（音乐，30秒，渐弱）

大家好！欢迎参加 HSK（五级）考试。
大家好！欢迎参加 HSK（五级）考试。
大家好！欢迎参加 HSK（五级）考试。

HSK（五级）听力考试分两部分，共 45 题。
请大家注意，听力考试现在开始。

第一部分

第 1 到 20 题，请选出正确答案。现在开始第 1 题：

1. 女：你认识李秘书？
   男：认识啊，他是我大学同学，一个宿舍的。
   问：关于男的，可以知道什么？

2. 男：你感冒了？声音听起来怪怪的。
   女：可能是嗓子发炎了，昨天晚上就不太舒服。
   问：女的怎么了？

3. 女：糟糕，桌面上的那个文件被我不小心删除了，怎么办？
   男：没关系，我的移动硬盘里还有。
   问：根据对话，下列哪项正确？

4. 男：你的餐厅准备得怎么样了？
   女：营业执照已经批下来了，我们准备下个星期六就开张。
   问：女的打算做什么？

5. 女：真累人，现在我每天晚上都得陪孩子一起看动画片。
   男：好好享受吧。等孩子再长大一点儿，你就会怀念这段时光了。
   问：男的是什么意思？

6. 男：小马，报告我已经看过了，有些地方还需要修改一下，我把意见写
      在旁边了。
   女：好的，我现在就改，下午两点前发给您。
   问：男的觉得小马写的报告怎么样？

7. 女：您为什么要顶着压力宣布您公司的杀毒软件免费呢？
   男：我始终认为杀毒软件免费是大趋势，这是市场竞争的必然结果。
   问：男的是什么观点？

8. 男：不好意思，我忘记带原件了。
   女：不要紧，有复印件就可以，另外，你的毕业证带了吗？
   问：关于男的，可以知道什么？

9. 女：你怎么这么开心？中奖了？
   男：跟中奖也差不多，今天公司通知我给我加薪了，今晚我请客。
   问：男的为什么很开心？

10. 男：你怎么连最基本的地理常识都不知道？
    女：我从小地理就学得很差。
    问：女的是什么意思？

11. 女：你跟房东说了吗？下水道漏水的事。
    男：已经说了。他说明天找人来修。
    问：男的和房东谈什么事了？

12. 男：您好，请问您能帮我们合个影吗？
    女：没问题，是按这里吗？
    问：男的请女的帮什么忙？

13. 女：我好像吃海鲜过敏了，脸上又红又痒。
    男：如果真是过敏，那得去医院看看。
    问：女的怎么了？

14. 男：打扰一下，可以耽误您五分钟时间，帮我填写一个问卷吗？
    女：我刚刚在超市门口已经填了一份了。
    问：关于女的，下列哪项正确？

15. 女：真没想到，我们的这个方案一提出，就得到了大家的一致认可，真
        是个好的开始。
    男：是啊，我原本以为肯定会有人反对呢。
    问：男的原来觉得会怎么样？

16. 男：听说北京烤鸭的味道非常好，真的很好吃吗？
    女：当然好吃，吃了保证你下次还想吃。
    问：女的觉得北京烤鸭怎么样？

17. 女：儿子对象棋很感兴趣，要不我们给他报个辅导班？
    男：可以啊，但你还是先征求一下他的意见吧。
    问：女的为什么要给儿子报辅导班？

18. 男：昨天睡得怎么样？酒店的床还习惯吗？
    女：马马虎虎，就是枕头有点儿低，睡得我的脖子有点儿酸。
    问：女的昨晚睡得怎么样？

19. 女：下一期的工程由你负责，你就别再推辞了，我相信你的能力。
    男：谢谢您这么信任我，我一定不会让您失望的。
    问：男的是什么意思？

20. 男：王律师，从法律的角度看，我们应该怎么办？
    女：对方这个要求是合法的，你们没有权利拒绝。所以只能想想别的办法了。
    问：女的认为应该怎么办？

第二部分

第 21 到 45 题，请选出正确答案。现在开始第 21 题：

21. 女：我听说你们买房了？
    男：是，上个月十六号定的。
    女：是全款付清，还是贷款？
    男：一半儿一半儿，首付百分之五十，剩余的是贷款。
    问：关于男的，可以知道什么？

22. 男：这边下大雨，飞机晚点了，可能到家要很晚了。
    女：没关系，我在家等你，起飞前跟我发个短信。
    男：你先睡吧，我带钥匙了。
    女：好，路上小心。
    问：根据对话，下列哪项正确？

23. 女：您儿子今年高考？志愿填的是哪所大学啊？
    男：他刚考完，成绩还没出来呢。
    女：不是考前填志愿吗？
    男：早就改革了，高考成绩出来之后才填志愿。
    问：现在怎么填写志愿？

24. 男：这款红色的空调是今年夏天卖得最好的，外观时尚，价格也合理。
    女：保修期是多长时间？
    男：一个月内出现质量问题，无条件退货。一年之内出现质量问题，免费维修。
    女：好，谢谢你。
    问：男的正在做什么？

25. 女：这些设备都应该换新的了。
    男：我们已经申请了，也得到批准了，下个月就会进一批新设备。
    女：那我们的项目就好办了。
    男：是。
    问：关于这个项目，下列哪项正确？

26. 男：假期你有什么安排吗？
    女：我打算陪父母去旅游。
    男：准备去哪儿玩儿？
    女：可能去上海、南京，还有杭州，总之，想去南方几个城市转转。
    问：女的假期打算去哪儿玩儿？

27. 女：你为什么想应聘我们公司的销售职位？
    男：我想从事有挑战的工作，而且我喜欢跟人打交道。
    女：那你觉得你的优势是什么？
    男：我大学学的是市场营销，另外还有三年的销售工作经验。
    问：男的认为销售工作怎么样？

28. 男：出席后天活动的人员确定了吗？
    女：邮件已经都发出了，但是现在还有两位专家没反馈……
    男：那直接打电话联系啊？
    女：我刚打了，一直占线。
    问：根据对话，下列哪项正确？

29. 女：一共四百五，您刷卡还是付现金？
    男：付现金，麻烦你给我开一张发票。
    女：好的，抬头怎么写？
    男：你就按照这张名片上的公司名称开。
    问：男的正在做什么？

30. 男：你好，请问哪位是李老师？
    女：我就是。您什么事？
    男：国际交流处的侯老师让我把这些材料转交给您。
    女：谢谢，麻烦您专门跑一趟。
    问：关于男的，可以知道什么？

第 31 到 32 题是根据下面一段话：

　　对有些人来说，总是在同一条道路上跑步，会觉得更有安全感，但更多人的感觉是单调。某大学曾经针对九十二名田径运动员做了一项调查，发现以周为单位更换训练场地能够有效改善运动员在训练中的表现。所以尽量多换换跑步路线吧，也许在不熟悉的路线上会感到不适应，但在这种安全的探险中，你能跑得更持久。

　　31．关于那个调查，可以知道什么？
　　32．说话人建议怎么做？

第 33 到 35 题是根据下面一段话：

　　有两只老虎，一只在笼子里，一只在野地里。
　　两只老虎经常进行交流。笼子里的老虎羡慕外面老虎的自由，外面的老虎却羡慕笼子里老虎的舒适。
　　一天，一只老虎对另一只老虎说："咱们换一换？"另一只老虎同意了。于是，笼子里的老虎走进了大自然，野地里的老虎走进了笼子里。从笼子里走出来的老虎高高兴兴，在野地里拼命地奔跑；走进笼子里的老虎也十分快乐，它再不用为食物而发愁。
　　但不久，两只老虎都死了。一只是饥饿而死，一只是忧郁而死。从笼子中走出的老虎获得了自由，却没有同时获得捕食的本领；走进笼子的老虎获得了舒适，却没有获得在狭小空间生活的心境。

　　33．关于笼子里的老虎，可以知道什么？
　　34．两只老虎做了一个什么决定？
　　35．这段话主要想告诉我们什么？

第 36 到 38 题是根据下面一段话：

　　在我看来，老板没有糟糕的，关键在于你怎样去和他进行沟通。比如，如何才能得到老板的信任。自以为"将在外，君命有所不受"，就不将一些工作细节告知老板，这样做，会使老板心里不踏实。结果，老板常常主动地来向你询问，这样反而更麻烦。我的做法是，凡事都主动向老板报告。我的老板很少主动打电话给我，百分之八十都是我跟他通电话，或者写邮件给他，向他汇报进展。你越是邀请老板多参与你的工作，他越觉得你是可以被信任的。久而久之，老板就会对你说："这些事情你不需要再告诉我了。"可见，你的工作方式越透明，老板就会给你更多的管理空间。

　　36．说话人是怎样与老板沟通的？
　　37．根据这段话，下列哪项正确？
　　38．这段话主要想告诉我们什么？

第 39 到 41 题是根据下面一段话:

　　一位自以为很有才华的年轻人因为得不到重用,非常苦恼,他去问叔叔,为什么会这样。

　　叔叔从路边捡起一块小石头,随手扔了出去,问他:"你能找到我刚才扔出去的那块石头吗?"

　　"不能。"他摇了摇头。

　　叔叔把手指上的金戒指取下来,扔到石头堆里,又问他:"你能找到我刚才扔出去的金戒指吗?"

　　"能。"果然,没多久他就找到了金戒指。

　　"你现在明白了吗?"他犹豫了一阵儿,兴奋地回答:"明白了。"

　　其实,当一个人抱怨自己怀才不遇时,许多的情况恰恰是:他还只是一块小石头,而不是一块金子。

　　39．那个年轻人为什么苦恼?
　　40．根据这段话,下列哪项正确?
　　41．这段话主要想告诉我们什么道理?

第 42 到 43 题是根据下面一段话:

　　有些求职者在接到自己没有被录用的通知书时,也会给公司写一封感谢信,感谢公司为他提供了笔试或面试的机会,使他获得了求职经验。这一方面体现了求职者的礼貌,另一方面,也是给自己的未来创造机会,表明自己依然有到该公司就业的诚意。很多公司会保留这些应聘者的简历,当他们再需要人才时,那些写过感谢信的人会首先进入他们的视野。

　　42．有些求职者知道自己没被录用后会怎么做?
　　43．公司会怎样处理这些求职者的简历?

第 44 到 45 题是根据下面一段话:

　　常言道:"人贵有自知之明。"只有真正了解自己,才能为自己的生活与工作做一个恰当的规划,才不至于走弯路和歪路。想获得成功,首先要有自知之明。自知,就是要认识自己、了解自己。把自知称之为"明",可见自知是一个人智慧的体现。而自知之明之所以"贵",则说明人是多么地不容易自知。

　　44．什么是"自知"?
　　45．这段话主要谈什么?

听力考试现在结束。

H51115 卷答案

一、听 力

第一部分

1. D   2. C   3. D   4. C   5. B
6. A   7. C   8. B   9. C   10. C
11. D   12. A   13. D   14. D   15. A
16. B   17. D   18. A   19. C   20. B

第二部分

21. C   22. A   23. C   24. C   25. C
26. D   27. B   28. D   29. A   30. C
31. D   32. D   33. B   34. C   35. D
36. B   37. A   38. D   39. B   40. B
41. C   42. A   43. A   44. B   45. C

二、阅 读

第一部分

46. A   47. D   48. B   49. A   50. A
51. D   52. B   53. B   54. A   55. B
56. C   57. C   58. B   59. C   60. A

第二部分

61. D   62. D   63. B   64. A   65. D
66. A   67. A   68. C   69. C   70. B

第三部分

71. D   72. B   73. A   74. A   75. D
76. D   77. C   78. C   79. D   80. A
81. C   82. B   83. D   84. C   85. A
86. B   87. B   88. A   89. B   90. B

三、书写

第一部分

91. 土豆也是一种蔬菜。
92. 那个花盆被打碎了。
93. 高速公路缩短了城市之间的距离。
94. 银行的利息又涨了。
95. 博物馆内要保持安静。
96. 今天的手术进行得相当顺利。
97. 隔壁搬来一个小伙子。
98. 这座雄伟的建筑始建于 1860 年。

第二部分

（略）

国家汉办/孔子学院总部
Hanban/Confucius Institute Headquarters

新汉语水平考试

HSK（五级）

H51116

注　　意

一、HSK（五级）分三部分：

　　1．听力（45 题，约 30 分钟）

　　2．阅读（45 题，45 分钟）

　　3．书写（10 题，40 分钟）

二、听力结束后，有 **5 分钟**填写答题卡。

三、全部考试约 125 分钟（含考生填写个人信息时间 5 分钟）。

中国　北京　　　　　　　　　　　国家汉办/孔子学院总部　　编制

一、听 力

第一部分

第1-20题：请选出正确答案。

1. **A** 晴天
   B 有雾
   C 有大风
   D 有雷阵雨

2. **A** 取消了
   B 由单位组织
   C 没订到房间
   D 准备坐火车去

3. **A** 太热
   B 太正式了
   C 颜色太鲜艳
   D 时间来不及

4. **A** 公司
   B 餐厅
   C 宿舍
   D 图书馆

5. **A** 航班晚点了
   B 他们刚到机场
   C 女的有些担心
   D 女的没赶上飞机

6. **A** 很精彩
   B 令人失望
   C 打破了世界纪录
   D 没有想象的激烈

7. **A** 忘锁门了
   B 忘密码了
   C 没拿钥匙
   D 没拿行李箱

8. **A** 后背痒
   B 约会迟到了
   C 喜欢穿名牌
   D 养了只宠物

9. **A** 想买打印机
   B 不经常练习
   C 刚接触电脑
   D 打字速度很快

10. **A** 电视节目
    B 嘉宾名单
    C 戒烟的方法
    D 晚会的安排

11. **A** 睡前吃
    B 饭后吃
    C 一日两次
    D 每次三粒

12. **A** 要坚持
    B 不要太自信
    C 劝男的放弃
    D 要避免犯相同的错

13. A 情绪不好

B 没女朋友

C 和女朋友吵架了

D 送女朋友花儿了

14. A 工厂规模要扩大

B 员工待遇提高了

C 很多员工辞职了

D 工厂购买了新设备

15. A 腰疼

B 头晕

C 腿受伤了

D 皮肤过敏

16. A 要移民

B 房租太高

C 生意不好

D 想休息一段时间

17. A 男的在办护照

B 分析结果还没出来

C 男的还没拿到数据

D 明天才能处理数据

18. A 已经复制了

B 内容很抽象

C 争取明天还

D 不用急着还

19. A 想留胡子

B 要重视细节

C 要从小事做起

D 先做重要的事

20. A 表情不自然

B 配合得不错

C 动作不够熟练

D 应该换背景音乐

第 二 部 分

第 21-45 题：请选出正确答案。

21. A 没接到通知
    B 忙着写报告
    C 那天参加考试
    D 要去辅导班学习

22. A 很时尚
    B 很高档
    C 太朴素了
    D 有点儿短

23. A 想换地毯
    B 打喷嚏了
    C 昨晚失眠了
    D 觉得被子太薄

24. A 做日程安排
    B 购买商业保险
    C 尽快完成论文
    D 咨询专家意见

25. A 客厅
    B 销售部
    C 研发部
    D 会议室

26. A 下礼拜回家
    B 下周要出差
    C 没买到车票
    D 坐飞机回家

27. A 是部门经理
    B 找到新工作了
    C 在人事部工作
    D 招聘经验丰富

28. A 面试
    B 结账
    C 签合同
    D 买房子

29. A 需要调整
    B 非常完美
    C 没有价值
    D 比较单调

30. A 零食
    B 日用品
    C 充电器
    D 牛仔裤

31. A 很开心
    B 十分愤怒
    C 哭笑不得
    D 觉得很奇怪

32. A 想娶公主
    B 想要那个大西瓜
    C 想得到国王的夸奖
    D 想换来更多好东西

33. **A** 一周写一篇
    B 只记录高兴的事
    C 父女俩共用一本
    D 是一位明星送的

34. **A** 电话
    B 留言条
    C 电子邮件
    D 手机短信

35. **A** 让女儿变得更勇敢
    B 方便父女间的交流
    C 缓解父亲的工作压力
    D 提高女儿的作文水平

36. **A** 煎饼
    B 饼干
    C 包子
    D 面包

37. **A** 要两个
    B 很好吃
    C 表示祝贺
    D 一共两个人

38. **A** 向他表示感谢
    B 他今天胃口不错
    C 误会他的意思了
    D 让他午饭时再吃

39. **A** 7个
    B 27个
    C 几百个
    D 1000多个

40. **A** 失业了
    B 非常有名
    C 经常免费演出
    D 遇到了经济困难

41. **A** 要乐于助人
    B 要给别人机会
    C 善良是一种美德
    D 不要忽视身边的每个人

42. **A** 反复比较
    B 立刻就买
    C 介绍给朋友
    D 一下子买很多

43. **A** 怎样吸引顾客
    B 怎样讨价还价
    C 男女购物的不同
    D 女性为什么爱逛街

44. **A** 一杯水
    B 少量盐
    C 少量茶叶
    D 一些水果

45. **A** 晒干
    B 洗净擦干
    C 放在纸杯里
    D 把它们切成条

二、阅 读

第一部分

第46-60题：请选出正确答案。

46-48.

　　一只小鸡看到一只老鹰在高高的蓝天上飞过，十分羡慕。于是它问母鸡："妈妈，我们也有一对 __46__ ，为什么不能像鹰那样高高地飞在蓝天上呢？"

　　"真是个小 __47__ 。"母鸡回答说："飞得高对我们来说没什么用。蓝天上没有谷粒，也没有虫子。"

　　每个人都有自己的生存技能和与之相适应的环境，我们在不断 __48__ 更高目标的同时，也不能脱离实际。适合自己的才是最好的。

46. **A** 翅膀　　　**B** 胳膊　　　**C** 肩膀　　　**D** 脑袋
47. **A** 士兵　　　**B** 兄弟　　　**C** 傻瓜　　　**D** 胆小鬼
48. **A** 追求　　　**B** 征求　　　**C** 克服　　　**D** 推广

49-52.

　　通过读书，我们可以获取知识，但零碎的、不成系统的知识是没有多大 __49__ 的，这就需要活化知识，建立起自己的认知系统。人的大脑好比电脑，脑子里 __50__ 了大量零碎的知识，如果不去消化、理解和 __51__ ，无非是在脑容量里多占了点儿空间而已。这样的知识越多，你的内存越小，反应越慢，脑子越容易固化。知识是冰，是死的，而智慧是水，是活的， __52__ ，才算达到了读书的真正目的。

49. **A** 资格　　　**B** 价值　　　**C** 本领　　　**D** 荣誉
50. **A** 延长　　　**B** 造成　　　**C** 保存　　　**D** 流传
51. **A** 传播　　　**B** 解放　　　**C** 录取　　　**D** 运用
52. **A** 书读得越多越好　　　　　　**B** 只有把知识转化为智慧
　　 C 因此我们要多接触社会　　　 **D** 理论和实践是分不开的

53-56.

古时候，有个叫张三的人，费了好大的劲儿，才 53 了300两银子，心里很高兴。但他总是怕银子被别人偷去，就找了一个箱子，把银子放在箱中，然后埋在屋后地下。 54 ，怕别人到这儿来挖，于是就想了一个" 55 "的办法，在一张纸上写了"此地无银三百两"7个字，贴在墙角边，这才放心地走了。谁知道他的举动，被隔壁的王二看到了。 56 ，王二把300两银子全偷走了。为了不让张三知道，他在一张纸上写了"隔壁王二不曾偷"7个字，也贴在墙上。

53. **A** 摘   **B** 欠   **C** 钓   **D** 存

54. **A** 他越来越着急   **B** 可是他还是不放心

     C 最后就回屋里睡觉了   **D** 他觉得这回总算安全了

55. **A** 巧妙   **B** 幸运   **C** 繁荣   **D** 沉默

56. **A** 从前   **B** 目前   **C** 暂时   **D** 半夜

57-60.

10岁那年，他和父亲推着板车去镇上卖西瓜，西瓜刚推到镇上，天空就开始阴云密布，要下雨了。过往的人们纷纷往家里 57 。他很沮丧，西瓜卖不出去了，还要再推回去。

这时，父亲说："我们可以把瓜免费送人。"于是，父亲带着他来到沿街的门市，每家都送了两三个西瓜，人们都用诧异的目光看着他们。父亲说："要下雨了，西瓜不好卖，分给大家吃啦。"有人说："那你不是 58 了吗？我拿钱给你。"父亲 59 手说："不用了，西瓜送给你们，我还赚个轻松，要是推回去，明天不新鲜了，又不好卖了。"

那天， 60 。可是后来，他们再来镇上，西瓜总是第一个卖完。因为他们那次送人家西瓜，人家记着他们的好，相信他们的西瓜最新鲜。

57. **A** 赶   **B** 派   **C** 挡   **D** 拦

58. **A** 操心   **B** 退步   **C** 吃亏   **D** 上当

59. **A** 递递   **B** 翻翻   **C** 踩踩   **D** 摆摆

60. **A** 他们赚了一大笔钱   **B** 邻居把他们送回了家

     C 他们一无所获地回去了   **D** 他们拉着一车西瓜回去了

第二部分

第 61-70 题：请选出与试题内容一致的一项。

61. 经济全球化让世界各国成为一个密切联系的整体，一个国家"打喷嚏"可能导致许多国家"感冒"。因此，国与国之间不应只是简单的竞争关系，更应该互相合作、扶持。只有他国经济健康发展，本国经济才能繁荣。

    A 有竞争才有发展

    B 国家之间要加强合作

    C 不要忽视小国的力量

    D 国际间的竞争是文化的竞争

62. 《清明上河图》全图可分为三大段落，按照展开的次序，首先是汴京郊外的景物，接着是大桥及汴河两岸的繁忙景象，后段描绘了汴京市区的街景。人物大者不足三厘米，小者如豆粒。虽说人物形体微小，但个个生动形象，极富情趣。

    A 《清明上河图》人物形象生动

    B 《清明上河图》只有三厘米长

    C 《清明上河图》画的是自然风景

    D 现在看不到《清明上河图》原画了

63. 人的首要目标应该是优秀，其次才是成功。所谓优秀，是指一个人的内在品质，有高尚的人格和真实的才学。一个人能否成为优秀的人，基本上是可以自己做主的，能否在社会上获得成功，还要靠运气。

    A 优秀是一种习惯

    B 成功没有统一的标准

    C 成功的人行动力更强

    D 优秀的人不一定能成功

64. 人们在追求财富的过程中，很容易迷失生活的方向，常常错误地认为更多的财富会带来更多的快乐。事实上，快乐跟财富没有必然的关系，生活中不幸的富翁比比皆是。幸福是不能只以金钱来衡量的。

    A 过程比结果更重要

    B 命运是可以改变的

    C 钱多不一定就幸福

    D 社会地位高的人更快乐

65. "羊群心理"是指投资者追随大众的想法及行为，缺乏自己个性和主见的投资状态，也叫做"群居本能"。"羊群心理"或"群居本能"是缺乏个性导致的思维或行为方式，在经济过热、市场充满泡沫时表现更加突出。

A 要预防经济过热

B 投资应该多样化

C 不要随便发表自己的看法

D "羊群心理"是一种从众行为

66. 爷爷带着孙女在沙滩散步，看见许多海星被潮水冲到岸上。孙女拾起一只海星，使劲儿把它抛回海里。爷爷问："海滩上有成千上万的海星，你救得了一个，救得了一万个吗？" 孙女回答："也许我救的只是全部的万分之一，但对那只海星而言就是全部，它活了下来。"

A 要相信奇迹

B 失去才懂得珍惜

C 生活不会一帆风顺

D 应该尽量帮助别人

67. 经常会有人疑惑，上海不产茶叶，怎么会连续举办十八届国际茶文化节？若您有时间，在上海闸北区逛一逛，相信就会找到答案。无论是步行还是坐车，到处都可以找到您心仪的茶叶。上海不产茶叶，却是中国最大的茶叶消费与流通城市。

A 上海的茶多销往国外

B 上海闸北区种植茶叶

C 上海的茶叶消费量很大

D 上海是中国最大的茶叶产地

68. 二胡发出的乐音有着丰富的表现力，有人称它为"中国的小提琴"。由于二胡的音色听起来略带忧伤，因而适于表达深沉的情感。二胡制作简单、价格便宜、容易学会而又音色优美，深受中国人的喜爱，是中国民间普及率很高的乐器。

A 普通人买不起二胡

B 二胡在中国很受欢迎

C 二胡比小提琴更有表现力

D 越来越多的年轻人喜欢上了二胡

69. 皮鞋的表面原来就不是绝对的光滑，如果是旧皮鞋，它的表面当然更加不平，这样它就不能使光线在一定的方向上产生反射，所以看上去没有什么光泽。而鞋油中有一些小颗粒，擦鞋的时候这些小颗粒正好可以填入皮鞋表面的凹坑中。如果再用布擦一擦，让鞋油涂得更均匀些，就会使皮鞋的表面变得光滑、平整，反射光线的能力也加强了。

    A 要学会挑选鞋油

    B 皮鞋的光泽来自光线的反射

    C 不是所有的皮鞋都适合上鞋油

    D 鞋油中的小颗粒使皮鞋表面变得不平整

70. 每一天，都是我们生命中一个新的开始。惜时如金的人知道把每天都当做一个新的起点，不停歇地跋涉，不疲倦地奋斗。有些人比你走得远，比你站得高，并不是他比你能干，比你聪慧，而是他每天比你多走一点儿，多做一些，时间长了，自然走到了你的前面，站到了你的上面。

    A 不要和别人比

    B 骄傲使人落后

    C 勤奋的人走得更远

    D 应该懂得享受生活

第 三 部 分

第71-90题：请选出正确答案。

71-74.

　　从前，在一个水池里，住着一只脾气很坏的乌龟，它和经常来这里喝水的两只大雁成了好朋友。后来，有一年，一直没下雨，池水一点一点地消失，乌龟没办法，只好决定搬家，它想跟大雁一起去南方生活。但它不会飞，于是两只大雁用一根结实的绳子，叫乌龟咬着中间，大雁各咬一端。嘱咐了乌龟不要说话后，它们就动身高飞了。

　　它们飞过宽广的田野，飞过细长的河流。地上的孩子们看见，觉得这个组合很有趣，拍手笑起来："你们看呀，那只乌龟的姿势太逗了。"乌龟本来很开心，听到地面上的讽刺后大怒，忍不住开口责备他们。嘴一张开，就摔了下来，碰着石头死去了。

　　大雁遗憾地说："坏脾气多么不好呀！"

　　如果不能主动控制自己的坏情绪，就会受到这种情绪的惩罚，后果将难以想象，甚至会失去生命。我们都知道没有什么比拥有生命更重要，因此，不管我们心情有多糟糕，都不要发脾气，试着冷静地对待，从而缓解内心的愤怒。

71. 那只乌龟有怎样的性格？
　　A 善良　　　　　B 温柔　　　　　C 易怒　　　　　D 自卑

72. 孩子们看见天上的乌龟后：
　　A 很佩服它　　　　　　　　　B 都十分吃惊
　　C 觉得很好笑　　　　　　　　D 认为它很了不起

73. 根据上文，下列哪项正确？
　　A 大雁轮流背乌龟　　　　　　B 乌龟被大雁骗了
　　C 大雁觉得乌龟太重　　　　　D 乌龟想去南方生活

74. 上文主要想告诉我们什么？
　　A 要珍惜生命　　　　　　　　B 学会控制情绪
　　C 团结就是力量　　　　　　　D 不要随便笑话别人

75-78.

　　小时候学骑自行车，总是低着头，两眼死盯着车前轮。结果总是骑得歪歪扭扭，还经常摔倒。

　　父亲说："抬起头来，往前看。"我试着采用父亲教的办法，抬起头来目视前方，结果很快就能自如笔直地前进了。

　　头一次参加麦收是在我上初中的时候。当时，还没有收割机，收割小麦全凭双手和镰刀。开始，我还挺有兴趣，可不一会儿就累了，频繁地站起来看看还有多远才能割到头。每次看，总感觉没有前进，好像在原地打转，地头也好像永远那么远。我心里烦躁得很，自言自语地抱怨："怎么还有那么远啊！"

　　父亲回过头来说："低下头，不要往前看。"还真奇怪，我不再抬头往前看了，只管一个劲儿地割，却不知不觉就到了地头。

　　当时，我不懂得为什么，父亲也讲不出很深的道理。随着年龄的增长，我才懂得：目光太近，找不准方向；目光太远，容易失去信心。抬起头，是为了向前；低下头，也是为了向前。

75. 学骑自行车，作者：
　　A 没有摔倒过　　　　　　　　B 刚开始方法不对
　　C 没有听父亲的建议　　　　　D 花了一个月才学会

76. 开始时，作者觉得割麦：
　　A 很无聊　　　　　　　　　　B 很有趣
　　C 不需要别人帮助　　　　　　D 应该用收割机来收割

77. 关于父亲的建议，下列哪项正确？
　　A 都很有效　　　　　　　　　B 都有风险
　　C 有些自私　　　　　　　　　D 没发挥什么作用

78. 根据上文，下列哪项正确？
　　A 不要轻信他人　　　　　　　B 虚心使人进步
　　C 兴趣是最好的老师　　　　　D 调整目光是为了向前

79-82.

如果仔细观察，你就会发现：每棵苹果树上大概有 500 个苹果，每个苹果里平均有 10 颗种子。通过简单的乘法，我们可以得出这样的结论：一棵苹果树有大约 5000 颗种子。你也许会问，既然种子的数目如此可观，为什么苹果树的数量增加得不是那么快呢？

原因很简单，并不是所有的种子都会生根发芽，它们中的大部分会因为种种原因而半路夭折。在生活中也是如此，我们要想获得成功，实现理想，就必须经历多次的尝试。这就是"种子法则"。

参加 20 次面试，你才有可能得到一份工作；组织 40 次面试，你才有可能找到一名满意的员工；跟 50 个人逐个洽谈后，你才有可能卖掉一辆车、一台吸尘器或是一栋房子；交友过百，运气好的话，你才有可能找到一位知心好友。

记住：最成功的人，往往是那些播撒种子最多的人。

79. 第 1 段中"可观"的意思最可能是：
A 数量很大
B 值得观察
C 增长缓慢
D 质量很高

80. 关于"种子法则"，可以知道什么？
A 努力就会有收获
B 种子的生命力很强
C 种瓜得瓜，种豆得豆
D 不是所有的努力都会成功

81. 第 3 段的例子，主要说明：
A 工作不好找
B 成功需要运气
C 付出多的人赢的机会大
D 永远不要低估你的对手

82. 下列哪项最适合做上文的标题？
A 你准备好了吗
B 今天你吃苹果了吗
C 做一颗出色的种子
D 不是所有的种子都发芽

83-86.

一张透明的玻璃桌上摆着三瓶饮料，分别是茶、可乐和咖啡。魔术师随便从观众席上找了一个男孩儿、一个女孩儿。他拿出一个文件袋，交给男孩儿保管，里面也装着三瓶饮料，但大家都不知道是什么。他告诉女孩儿："桌上有三瓶不同的饮料，你可以随便选择一种，选中之后，请把它举过头顶。"然后，魔术师大声说："现在我已经知道她会选择什么，你们信吗？"当然不信！魔术师拿出一块硬纸板，立在桌面上，不大不小，恰好挡住三瓶饮料。魔术师请女孩儿开始。女孩儿几乎没怎么思考，便随手拿起一瓶高举过头，是可乐。这时，魔术师让男孩儿打开文件袋，里面装的竟然是三瓶可乐，与女孩儿的选择分毫不差。

这时，魔术师问大家："想不想学？"当然想学。于是他又拿出那块硬纸板，翻过来给大家看。台下顿时哄堂大笑，硬纸板背面写着："拜托，请选择可乐。"当魔术师用硬纸板挡住饮料时，观众看到的是空白面，而女孩儿看到了背面的字，于是她配合了魔术师，就这么简单。"如果偏不选可乐，你怎么办？"台下有人喊。魔术师微微一笑，走到玻璃桌前，分别握住桌上的茶和咖啡，却怎么也提不动。原来，这两瓶饮料已被粘在桌面上，外表根本看不出来，想把它们举过头顶绝对不可能。除了可乐，你别无选择。

魔术一旦被揭秘，大多数人会说："原来不过如此，我也行啊。"可是为什么我们没想到？或许每个人心里都有过一个魔法世界，梦想自己无所不能。而魔术师让我们相信，幻想其实可以通向现实，所有的魔法都来自创意，只有想不到，没有做不到。

83. 女孩儿为什么选择了可乐？
    A 想学习魔术　　　　　　　　B 可乐离她最近
    C 要配合魔术师　　　　　　　D 男孩儿提醒了她

84. 文件袋里装的是什么？
    A 茶　　　　B 可乐　　　　C 咖啡　　　　D 可乐和咖啡

85. 魔术师为什么相信女孩儿一定会配合？
    A 女孩儿是他的学生　　　　　B 他可以将饮料换掉
    C 观众已经知道答案了　　　　D 其他两瓶饮料被粘住了

86. 上文主要想告诉我们：
    A 要学会配合他人　　　　　　B 幻想可以通向现实
    C 要坚持自己的梦想　　　　　D 耳听为虚，眼见为实

87-90.

一位出版商为堆积在仓库的滞销书而日夜发愁，一天，他突然想到可以考虑在市长身上<u>做文章</u>。

这位出版商通过朋友送给市长一本精装的样书。市长读完后，出于礼貌，说了一句话："这是一本好书。"出版商知道后，就以市长的话大做广告："有一本市长认为很好的书，正在热卖中。"不到半个月时间，积压如山的书籍销售一空。

隔了一段时间，又有滞销书出现了。于是，他又寄了一本给市长，这一回市长很不客气地说道："这本书很糟糕。"没想到出版商听了后，脑子一转，大肆宣传："有一本市长认为很糟糕的书正在出售中。"不久之后，这本书同样也是疯狂热卖。

过了几个月，出版商再度碰上同样的问题。他又寄了一本给市长，只是这回市长学聪明了，他对这本书并不发表任何评论意见。出版商得知后，在广告上这样写道："有一本市长无法评价的书，正在热销中。"很多人都想知道究竟是什么样的书连市长都无法评价，于是这一本滞销书在短短的几天内又被抢购一空。

路是人走出来的，方法是人想出来的。出版商运用市长的一句话作为书籍销售的广告，不管市长说什么，他都有办法来应对，这就是做人头脑要灵活。

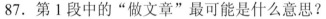

87. 第 1 段中的"做文章"最可能是什么意思？
    A 想办法   B 检查身体
    C 请市长写一篇文章   D 写一本关于市长的书

88. 市长为什么说第一本书是一本好书？
    A 想帮助出版商   B 为了表示礼貌
    C 这本书卖得不错   D 这本书让他很受启发

89. 第三次，市长为什么不发表意见？
    A 不想再被利用   B 没看懂那本书
    C 没时间看那本书   D 不同意书中的观点

90. 关于出版商，可以知道什么？
    A 头脑很灵活   B 和市长是老朋友
    C 善于听取他人意见   D 缺乏与人沟通的能力

三、书 写

第一部分

第91-98题：完成句子。

例如：发表　　这篇论文　　什么时候　　是　　的

　　　<u>这篇论文是什么时候发表的？</u>

91. 可以　　受伤的心　　微笑　　温暖

92. 上涨　　黄金的价格　　一直　　在

93. 已经　　那个　　过期了　　杀毒软件

94. 竞争　　很激烈　　这两个公司　　的

95. 地震　　损失　　造成了　　巨大的

96. 往返的机票　　帮我　　预订　　请

97. 来结账　　您是　　用现金　　吗

98. 深刻的印象　　留下了　　姥姥的话　　给我

第二部分

第 99-100 题：写短文。

99. 请结合下列词语（要全部使用，顺序不分先后），写一篇 80 字左右的短文。

    毕业 舍不得 顺利 前途 感激

100. 请结合这张图片写一篇 80 字左右的短文。

H51116 卷听力材料

（音乐，30秒，渐弱）

大家好！欢迎参加 HSK（五级）考试。
大家好！欢迎参加 HSK（五级）考试。
大家好！欢迎参加 HSK（五级）考试。

HSK（五级）听力考试分两部分，共 45 题。
请大家注意，听力考试现在开始。

第一部分

第 1 到 20 题，请选出正确答案。现在开始第 1 题：

1. 女：我上班去了，早饭在桌子上，你一会儿自己吃。
   男：好的，别忘了带伞，天气预报说今天有雷阵雨。
   问：今天天气怎么样？

2. 男：我听说你们要去旅游，机票、房间都订好了吗？
   女：是我们单位组织的，这些都不用我们操心。
   问：关于这次旅游，可以知道什么？

3. 女：你还是系上领带吧，系领带更正式一点儿。
   男：这领带颜色太鲜艳了，还是算了吧。
   问：男的为什么不想系领带？

4. 男：怎么这么晚还在公司加班，吃饭了吗？
   女：还没呢，我一会儿去吃，还要打印几份文件。
   问：女的现在在哪儿？

5. 女：还有一个小时飞机就要起飞了，我们还能赶得上吗？
   男：您放心，耽误不了，二十分钟我们就能到。
   问：根据对话，下列哪项正确？

6. 男：昨天的网球决赛你看了吗？
   女：看了，太精彩了，李娜简直太厉害了！
   问：昨晚的球赛怎么样？

7. 女：糟糕，我把行李箱的密码忘记了。
   男：你是越来越糊涂了。别着急，再想想，是不是你的生日？
   问：女的怎么了？

8. 男：我后背上特别痒，你帮我看看是怎么回事。
   女：红了，是不是被虫子咬了？
   问：关于男的，下列哪项正确？

9. 女：你打字的速度真快，一分钟能打多少个字？
   男：一百二三吧，我用五笔输入法，熟能生巧。
   问：关于男的，可以知道什么？

10. 男：你看过《实话实说》那个节目吗？
    女：看过，我很喜欢那个男主持人，他非常风趣。
    问：他们在谈什么？

11. 女：这个胃药你一天吃两次，一次两粒。
    男：好的，我明白了，谢谢大夫。
    问：胃药应该怎么吃？

12. 男：我已经试了六次了，还是不行，我看我干脆放弃好了。
    女：别轻易就说放弃，说不定下次就成功了。
    问：女的是什么意思？

13. 女：你女朋友收到你的花儿，是什么反应啊？
    男：她有点儿意外，当然也很感动。
    问：关于男的，可以知道什么？

14. 男：工厂要扩大生产规模，需要新进一些设备，你和王经理尽快商量一
    下这事。
    女：好的，另外我们现在也需要招聘一些新员工了。
    问：根据对话，可以知道什么？

15. 女：你的腿怎么了？
    男：昨天在健身房锻炼的时候用力过大，把肌肉拉伤了。
    问：男的怎么了？

16. 男：我看你这个酒吧的生意很好啊，为什么要卖呢？
    女：这个酒吧是我和朋友合开的，他要移民，我也想休息一段时间。
    问：女的为什么要卖掉酒吧？

17. 女：小李把这个月的数据给你了吗？
　　男：给了，我正在做统计，分析结果估计下午就能出来。
　　问：根据对话，下列哪项正确？

18. 男：昨天下午我去找你，你不在，我就把光盘放你桌上了。
　　女：看到了，谢谢你，我争取明天还你。
　　问：女的是什么意思？

19. 女：最近事情太多了，都不知道该先干什么了。
　　男：当然是先拣重要的事做，可别"眉毛胡子一把抓"。
　　问：男的是什么意思？

20. 男：我觉得你们的动作好像还不太熟练，配合得不理想。
　　女：您说得对，我们俩才练了一个多月，时间比较短。
　　问：男的认为怎么样？

第二部分

第 21 到 45 题，请选出正确答案。现在开始第 21 题：

21. 女：上礼拜同学聚会你没去？
　　男：是，那天正好有事。
　　女：周末也有事？忙什么呢？
　　男：我要考注册会计师，报了个辅导班，每周末都要上课。
　　问：男的为什么没参加聚会？

22. 男：你明天就穿这身去参加弟弟的婚礼啊？
　　女：怎么？不合适吗？
　　男：这条裙子是不是太朴素了？上次买的那条呢？
　　女：也行，那我明天换那条。
　　问：男的觉得这条裙子怎么样？

23. 女：怎么总打喷嚏，感冒了？
　　男：没事，可能是昨晚着凉了。
　　女：是不是被子太薄了？今晚换个厚点儿的吧。
　　男：不薄，可能是没盖好，没关系。
　　问：关于男的，可以知道什么？

24. 男：上星期给你们安排的任务怎么样了？
　　女：我们已经围绕这个项目制定了一个比较全面的计划。
　　男：抓紧时间咨询一下专家们的意见吧。
　　女：好的，等计划完善之后就交给您。
　　问：男的让女的抓紧时间做什么？

25. 女：你好，是物业吧？我们办公室的空调坏了，麻烦你们过来看一下。
　　男：好的，您在几楼？
　　女：十八层，销售部。
　　男：好，我们马上派人过去。
　　问：哪儿的空调坏了？

26. 男：车票买到了吗？
　　女：买到了，不过是下个礼拜的票。
　　男：下个礼拜？那不就要过年了吗？
　　女：是啊，到家正好是除夕夜。
　　问：关于女的，下列哪项正确？

27. 女：我们对你的表现很满意，你下周一能来上班吗？
　　男：可以，谢谢马主任！
　　女：不客气。下周一你直接去人事部办手续吧，我会跟他们打招呼的。
　　男：好的，谢谢您。
　　问：关于男的，可以知道什么？

28. 男：这是租房合同，你还要再看一下吗？
　　女：我看过了，没什么问题。
　　男：那请在这里签字。
　　女：好的。
　　问：他们在做什么？

29. 女：这个方案你看过了吧？说说意见。
　　男：我个人觉得，这个方案还需要调整。
　　女：具体讲呢？
　　男：我们产品的特点没有得到很好的体现。
　　女：你有什么好的建议？
　　问：男的觉得这个方案怎么样？

30. 男：取包裹去了？家里给你寄东西了？
　　女：不是，我在网上买了些日用品。
　　男：日用品也能在网上买？
　　女：网上超市什么都有。
　　问：女的在网上买什么了？

第 31 到 32 题是根据下面一段话：

一个勤劳、善良的农民，收获了一个好大好大的西瓜。他把这个西瓜献给国王，国王很高兴，赏给农民一匹高大、结实的马。很快，这件事大家都知道了。有个富人心想：献个西瓜，就能得到一匹马，如果献一匹马，国王会赏给我多少金银或者美女呢？于是富人向国王进献了一匹好马。国王同样很高兴，告诉身边的人："把那个农民献的那个大西瓜，赏给这个献马的人吧。"

31．收到西瓜后，国王是什么反应？
32．富人为什么送给国王一匹马？

第 33 到 35 题是根据下面一段话：

日记本来是私人物品，自己写，自己看。但我和父亲，曾经在日记里你写一页，我写一页，两个人写，两个人看，坚持了九年。为什么要这样做呢？因为父亲工作很忙，晚上回家的时候，我已经睡觉了；而早上我去上学时，父亲可能还没起床，因此父女之间的交流很少。为了解决这个矛盾，父亲把要说的话写在小纸条上留给我。纸条积累多了，我觉得保存起来不方便，于是建议父亲改用日记本交流。每天我将自己的愉快和烦恼，父亲将自己的工作情况、经验和教训都写在这本日记里。这样一来，父亲就可以及时了解我的情况，指导我的生活，我也可以更好地理解父亲。

33．这本日记有什么特别的地方？
34．他们用日记替换了什么？
35．这本日记有什么作用？

第 36 到 38 题是根据下面一段话：

早上上班，差不多每天我都在公司门口买一个煎饼当早饭。时间一长，就和卖煎饼的阿姨熟了。每次我举起手，伸出一个手指，阿姨就会马上动手，做好一个煎饼，等我放好自行车后过来拿。有时胃口大开，觉得一个不够吃，伸两个手指就行了。昨天起了个早，我在家里吃了面包后才去上班。路过卖煎饼的地方，就抬手跟阿姨打了个招呼。放好自行车后，我打算直接进公司。没想到刚到门口，那个阿姨就跑过来，手里拿着一个袋子，说："你刚才伸了五个手指，我就做了五个煎饼，等了半天你都不来，只好给你送来了，快趁热吃吧。"

36．他平时早饭吃什么？
37．他伸出两个手指是什么意思？
38．阿姨为什么给他五个煎饼？

第 39 到 41 题是根据下面一段话：

早上八点，一个人步入地铁站旁边的小广场，打开小提琴的盒子，将盒子放在脚下，扔了几块钱进去，面对着来来往往的上班族，开始演奏起来。在他演奏的四十多分钟里，有一千多人从他身旁匆匆走过，但只有七个人停下脚步，听了几分钟，二十七个人在走过时将钱投入了盒子，其他人却似乎没有看见或听见。这些赶着上班的人不知道，那天早上的演奏者是享有世界声誉的小提琴家。四十多分钟里他挣了三十块钱，而在正规的演出中，他一分钟就能收入一千元。那些上班的人们忽视了小提琴家的价值，繁忙常常使他们看不到周围人的价值。我们遇到的每个人，价值都不可估量，只是需要我们花费时间去观察和倾听。不然，即使千里马就在眼前，伯乐也会错过它。

39．四十多分钟里，有多少人从小提琴家身旁走过？
40．关于小提琴家，可以知道什么？
41．这段话主要想告诉我们什么？

第 42 到 43 题是根据下面一段话：

女人逛超市普遍都是满心欢喜，为了找到喜欢的商品，会乐此不疲，找到之后又会根据价格反复比较，精挑细选，就算没有找到自己喜欢的商品，女人也会大包小包，买很多物美价廉的东西回来。而男人去超市时普遍都目标明确，他们清楚自己到底要买什么，便推着购物车快速前行，走到该商品的货架前，不管贵不贵，看准了就往购物车里装，他们不愿意比较价格，也不会去寻找打折商品。

42．女人看到要买的商品往往会怎么样？
43．这段话主要谈什么？

第 44 到 45 题是根据下面一段话：

夏天到了，冰箱里储存的食品日渐增多，冰箱特别容易出现异味。清除异味，除了要及时清洗冰箱以外，还有很多简单方便的办法。将一小块生面放在碗中，置于冰箱冷藏室上层，可使冰箱两三个月内没有异味。或者将少量茶叶放入冰箱，一个月后拿出来在太阳下晒干再放进去，能反复使用。将几块新鲜的桔子皮洗净擦干，散放入冰箱内，也可以去除冰箱的异味。

44．在冰箱里放什么可以去除异味？
45．桔子皮放入冰箱前应该怎样处理？

听力考试现在结束。

H51116 卷答案

一、听 力

第一部分

1. D	2. B	3. C	4. A	5. C
6. A	7. B	8. A	9. D	10. A
11. C	12. A	13. D	14. A	15. C
16. D	17. B	18. C	19. D	20. C

第二部分

21. D	22. C	23. B	24. D	25. B
26. A	27. B	28. C	29. A	30. B
31. A	32. D	33. C	34. B	35. B
36. A	37. A	38. C	39. D	40. B
41. D	42. A	43. C	44. C	45. B

二、阅 读

第一部分

46. A	47. C	48. A	49. B	50. C
51. D	52. B	53. D	54. B	55. A
56. D	57. A	58. C	59. D	60. C

第二部分

61. B	62. A	63. D	64. C	65. D
66. D	67. C	68. B	69. B	70. C

第三部分

71. C	72. C	73. D	74. B	75. B
76. B	77. A	78. D	79. A	80. D
81. C	82. D	83. C	84. B	85. D
86. B	87. A	88. B	89. A	90. A

三、书 写

91．微笑可以温暖受伤的心。

92．黄金的价格一直在上涨。

93．那个杀毒软件已经过期了。

94．这两个公司的竞争很激烈。

95．地震造成了巨大的损失。

96．请帮我预订往返的机票。

97．您是用现金来结账吗？

98．姥姥的话给我留下了深刻的印象。

（略）

国家汉办/孔子学院总部
Hanban/Confucius Institute Headquarters

新汉语水平考试
HSK（五级）

H51117

注　意

一、HSK（五级）分三部分：

　　1. 听力（45题，约30分钟）

　　2. 阅读（45题，45分钟）

　　3. 书写（10题，40分钟）

二、听力结束后，有**5**分钟填写答题卡。

三、全部考试约125分钟（含考生填写个人信息时间5分钟）。

中国　北京　　　　　　　　　　国家汉办/孔子学院总部　编制

一、听 力

第一部分

第1-20题：请选出正确答案。

1. **A** 象棋
   B 围巾
   C 手套
   D 数码相机

2. **A** 新来的总裁
   B 报社的记者
   C 儿子的班主任
   D 出版社的编辑

3. **A** 想辞职
   B 成绩很好
   C 没被录取
   D 没投简历

4. **A** 是足球教练
   B 喜欢古典文学
   C 要去做志愿者
   D 演过许多角色

5. **A** 女儿回来了
   B 妻子过生日
   C 有亲戚要来
   D 去医院看朋友

6. **A** 很难看
   B 非常像
   C 差别很大
   D 很有个性

7. **A** 要看运气
   B 拒绝回答
   C 比赛令人失望
   D 结果很难估计

8. **A** 手机没电了
   B 他们吵架了
   C 他们想合影
   D 他们在校园里

9. **A** 是秘书
   B 正在修改合同
   C 下午要去签合同
   D 没陪王总去签合同

10. **A** 家务
    B 投资
    C 婚礼
    D 电视连续剧

11. **A** 说服别人
    B 采访别人
    C 做主持人
    D 出席活动

12. **A** 没零钱
    B 没带现金
    C 认错人了
    D 拿错优惠券了

13. **A** 女的经常失眠

    B 男的要做手术

    C 他们要去旅行

    D 男的想活动活动

14. **A** 宿舍

    B 邮局

    C 实验室

    D 图书馆

15. **A** 升职了

    B 觉得麻烦

    C 是人事部负责人

    D 刚去办入职手续了

16. **A** 火车晚点了

    B 女的正在结账

    C 男的在找餐车

    D 车厢里人很多

17. **A** 感谢

    B 担心

    C 后悔

    D 激动

18. **A** 颜色太淡

    B 价格太高

    C 风格不理想

    D 样式不好看

19. **A** 是华裔

    B 父母是老师

    C 有辅导老师

    D 去中国留学过

20. **A** 麦克风

    B 充电器

    C 会议材料袋

    D 经理的名片

第 二 部 分

第 21-45 题：请选出正确答案。

21. A 脖子疼
    B 胃难受
    C 皮肤过敏
    D 胳膊酸痛

22. A 宾馆
    B 餐厅
    C 博物馆
    D 健身房

23. A 让人满意
    B 不太清楚
    C 不是很好
    D 非常糟糕

24. A 爱好广泛
    B 快退休了
    C 喜欢做手工
    D 开了家饰品店

25. A 着凉了
    B 压力大
    C 爱吃蔬菜
    D 消化不好

26. A 失恋了
    B 超市搞活动
    C 要在家看电影
    D 打算去郊区玩儿

27. A 他们是兄妹
    B 他们在听讲座
    C 女的在找工作
    D 男的要去应聘

28. A 开车
    B 坐汽车
    C 坐火车
    D 坐飞机

29. A 光盘
    B 文件
    C 鼠标
    D 移动硬盘

30. A 还没付款
    B 质量不合格
    C 摆得很整齐
    D 临时放这儿

31. A 提前一站下车
    B 可以听听音乐
    C 在车上睡一会儿
    D 提前 10 分钟出发

32. A 早上工作效率高
    B 开车要注意安全
    C 要坚持每天步行
    D 要乘坐公共交通工具

33. A 每天上山砍柴
   B 挑水时间相同
   C 住在一座山上
   D 每天挑两次水

34. A 生病了
   B 要出远门
   C 打了一口井
   D 发明了新工具

35. A 要节约用水
   B 平时就要积累
   C 一切从实际出发
   D 要听别人的建议

36. A 让人生气
   B 让人兴奋
   C 让人惭愧
   D 让人骄傲

37. A 声音大小
   B 身体姿势
   C 说话速度
   D 谈话内容

38. A 谈判的方法
   B 巧妙说话的好处
   C 说话不要太直接
   D 怎样处理人际关系

39. A 帮她找儿子
   B 借给她一些钱
   C 教儿子经营饭店
   D 给儿子一份工作

40. A 对儿子很无奈
   B 对儿子要求严格
   C 清楚儿子的能力
   D 希望儿子成为厨师

41. A 懂礼貌
   B 快乐地成长
   C 接触大自然
   D 得到父母的肯定

42. A 学会了飞
   B 开始很得意
   C 掉进了大海
   D 得到了小鸟的帮助

43. A 要有想象力
   B 不要依靠别人
   C 应该关心别人
   D 命运可以改变

44. A 先计划后行动
   B 走距离最短的路
   C 走别人走过的路
   D 独自一个人走路

45. A 习惯成自然
   B 模仿并不容易
   C 人生不会是直线
   D 与众不同更易成功

二、阅 读

第一部分

第 46-60 题：请选出正确答案。

46-48.

　　不要以为有很多人给出许多意见是件好事，有时结果恰恰相反。由于每个人看问题的 __46__ 不同，给出意见的目的也不尽相同，所以太注重听取别人的意见很容易让自己拿不定主意。在 __47__ 意见之前，我们必须要有一个属于自己的清楚的想法，要 __48__ 最终的目的是什么，这样才能在众多的声音中保持头脑清醒，找出最适合企业发展的金玉良言。

46. **A** 角度　　　**B** 程度　　　**C** 结构　　　**D** 程序
47. **A** 追求　　　**B** 观察　　　**C** 征求　　　**D** 象征
48. **A** 突出　　　**B** 明确　　　**C** 承认　　　**D** 实现

49-52.

　　春秋时期，越国有个名叫西施的姑娘，她非常漂亮，一举一动都很动人。但是，她有心口疼的 __49__ ，犯病时总是用手按住胸口，紧锁眉头。因为人们喜欢她，所以她这副病态，在人们眼里也很可爱、动人。

　　西施的邻村有个 __50__ 姑娘叫东施，总是想尽办法打扮自己。有一天，她在路上碰到西施，见西施手按着胸口，紧锁眉头，__51__ 。她想：难怪人们说她漂亮，原来是做出这种样子。于是她 __52__ 西施的病态。看着东施这种奇怪的样子，人们觉得她更难看了。

49. **A** 疑问　　　**B** 借口　　　**C** 矛盾　　　**D** 毛病
50. **A** 俊　　　　**B** 丑　　　　**C** 弱　　　　**D** 帅
51. **A** 显得特别美　　　　　　　**B** 一脸自豪的表情
　　 C 让人觉得不舒服　　　　**D** 好像很羡慕的样子
52. **A** 配合　　　**B** 模仿　　　**C** 形容　　　**D** 描写

53-56.

有个人一心想寻找世界上最宝贵的东西，他问遇到的每一个人："世上最宝贵的东西是什么呢？"黄金、美女、钻石、 53 、知识……众说纷纭。

因为 54 不清楚真正的宝贝是什么，这个人便决定走遍天涯海角去找。

许多年过去，这个人走遍全世界却一无所获，也不快乐， 55 。

冬天的傍晚，远远地，他就望见他家的小窗里透出 56 、柔和的灯光。向窗里探望，饭桌上有热腾腾的饭菜，家人围坐，有个座位空着，是给他留的。这个走遍天涯海角的人流泪了，他终于发现，原来世界上最宝贵的东西便是自己的家。

53．A 权力　　　B 遗憾　　　C 寂寞　　　D 威胁
54．A 劝　　　　B 夸　　　　C 弄　　　　D 闯
55．A 心情很放松　　　　　　　　B 只好失望地回家
　　 C 变得更加自信了　　　　　　D 忽视了自己的身体
56．A 孝顺　　　B 灵活　　　C 经典　　　D 温暖

57-60.

有一个人想挂一张画。他有钉子，但没有锤子。邻居有锤子。于是他决定到邻居那儿去借锤子。

就在这时候，他想：要是邻居不愿意把锤子借我， 57 ？昨天他跟我 58 的时候很不在意，也许他匆匆忙忙，也许这种匆忙是他装出来的，其实他内心对我是非常不满的。什么事不满呢？我又没有做对不起他的事，是他自己多心罢了。要是有人向我借工具，我会 59 借给他。而他为什么不借呢？怎么能拒绝帮别人这么点儿忙呢？而他还自以为我依赖他，仅仅因为他有一个锤子！我受够了！

于是他跑过去，按响门铃。邻居开门了，还没来得及说声"早"，这个人就 60 着他喊道："留着你的锤子给自己用吧，你这个混蛋！"

57．A 那怎么办　　　　　　　　　B 那他想怎么样呢
　　 C 他有什么了不起　　　　　　D 那他不是吃亏了吗
58．A 打招呼　　B 打交道　　C 打喷嚏　　D 打太极
59．A 反复　　　B 始终　　　C 陆续　　　D 立刻
60．A 挥　　　　B 甩　　　　C 冲　　　　D 抢

第二部分

第61-70题：请选出与试题内容一致的一项。

61. "一天一苹果，医生远离我。"一本杂志介绍了 10 种对健康最有利的水果，其中苹果排名第一。因为苹果可以预防疾病，还可以减肥，增强记忆力。苹果泥加温后食用，更适合孩子与老年人。

    A 应该少吃肉
    B 常吃苹果有利健康
    C 吃苹果能缓解疲劳
    D 常吃苹果的人更能干

62. 妻子问："老公，怎么不见你和老王下棋了呢？"丈夫抱怨起来："你愿意和一个赢了就趾高气扬，输了就要骂人的人下棋吗？""噢，当然不愿意。我明白了，"妻子接着说，"他也不愿意同这样的人下。"

    A 输赢不是最重要的
    B 过程比结果更重要
    C 老公不喜欢和老王下棋
    D 老公是个追求完美的人

63. 很多人认为婴儿出生后才具备视力，其实，视觉最早发生的时间是胎儿期。研究发现，5、6 个月的胎儿在母亲体内接受到光源时，就会自动转向光源。这一时期，胎儿的视觉系统已开始逐步建立，只是不够完善而已。

    A 胎儿可以感受到光源
    B 胎儿要避免光的刺激
    C 视觉系统越早形成越好
    D 胎儿的性格受母亲的影响

64. 随着茶叶生产的发展，到了唐代，饮茶已成为日常风俗习惯，由此产生了一种很受欢迎的休闲场所——茶馆。很多人喜欢去茶馆一边喝茶一边聊天儿。四川是中国茶馆文化最发达的地区之一。

    A 饮茶可以促进消化
    B 茶馆文化始于唐代
    C 四川的茶叶产量最大
    D 饮茶是上层社会的爱好

65. 有时候，人难免多心。心眼儿一多，对许多小事就跟着过敏。于是，别人多看你一眼，你便觉得他对你有敌意；别人少看你一眼，你又认定是他故意冷落你。多心的人注定活得辛苦，因为情绪太容易被别人所左右。多心的人总是东想西想，结果被困在一团思绪的乱麻中，动弹不得。

  A 细节决定成败
  B 防人之心不可无
  C 主动一点儿会更好
  D 要学会控制自己的情绪

66. 任何一家公司在招聘时，都会注意一个人的综合能力，然而在短暂的面试时间里，无论准备得如何充分，都无法让个人才能全方位地展示出来。作为求职者，应该做的是，针对所应聘岗位强调个人的能力和专长，针对这项工作详细阐述自己的优点与长处。

  A 招聘过程十分繁杂
  B 面试时应把握好时间
  C 求职者要全面了解公司
  D 面试时要突出自己的优势

67. 北京是金、元、明、清的国都，先后有 33 位皇帝在这里统治着幅员广袤、人口众多的中国。悠久的历史留下了无数具有极高审美价值和文化价值的古迹。漫步城中，那些王府、花园、城楼、坛庙、名人故居、胡同、戏楼、民居，都是令人驻足流连之处。

  A 明代人口最多
  B 清朝统治时间最长
  C 北京有许多名胜古迹
  D 中国历史上有 33 位皇帝

68. 古时候，有个年轻人叫匡衡。他十分好学，但家里很穷，买不起蜡烛，一到晚上就不能读书。他见邻居家有烛光，就在墙壁上凿了个小孔，让微光透过小洞照在书上。就这样他常常学习到深夜。当地有个大户人家，有很多藏书。匡衡就到他家去打工，却不要工钱。主人很奇怪，问他要什么，他说："只要能读遍你家藏书，我就满足了。"

  A 邻居答应借书给匡衡
  B 匡衡打工是为了读书
  C 晚上读书对眼睛不好
  D 匡衡家的墙壁上有很多小孔

69. 养宠物的人都会有一个好身体。虽然并没有科学研究证实这一点，但仍有人认为，与小动物生活在一起有助于缓解压力，并帮助改善社交关系；与小动物亲密接触有助于缓解孤独感，与它们为伴可以让人减轻悲伤感，感觉更安全和受到保护；养宠物还有助于培养自信心和责任感。

    A 宠物也有情绪低落的时候
    B 主人应该经常和宠物交流
    C 压力大的人可以考虑养宠物
    D 养宠物的人更懂得保护自己

70. 仙人掌是一种生命力很强的植物，它们生长在干旱的沙漠地区，为了适应缺水的气候，它们的叶子演化成短短的小刺，以减少水分的蒸发，同时也可以作为防止动物吞食的武器。它们的根非常发达，一旦下雨就会大量吸收水分，从而满足自身的生长需要。

    A 仙人掌寿命很长
    B 仙人掌的刺作用很大
    C 仙人掌具有药用价值
    D 仙人掌对环境的要求很高

第三部分

第71-90题：请选出正确答案。

71-74.

骆驼长得高，羊长得矮。骆驼说："长得高好。"羊说："不对，长得矮才好呢。"骆驼说："我可以做一件事情，证明高比矮好。"羊说："我也可以做一件事情，证明矮比高好。"他们俩走到一个园子旁边。园子四面有围墙，里面种了很多树，茂盛的枝叶伸出墙外来。骆驼一抬头就吃到了树叶。羊抬起前腿，扒在墙上，脖子伸得老长，还是吃不着。骆驼说："你看，这可以证明了吧，高比矮好。"羊摇了摇头，不肯认输。他们俩又走了几步，
看见围墙上有个又窄又矮的门。羊大模大样地走进门去吃园子里的草。骆驼跪下前腿，低下头，往门里钻，怎么也钻不进去。羊说："你看，这可以证明了吧，矮比高好。"骆驼摇了摇头，也不肯认输。他们俩找老牛评理。老牛说："你们俩都只看到自己的长处，看不到自己的短处，这是不对的。"

71. 骆驼和羊在争论什么？
    A 谁长得高   B 园子里有什么
    C 高好还是矮好   D 谁的经验更丰富

72. 关于那个园子，可以知道什么？
    A 是老牛的   B 四面都有围墙
    C 里面有很多果树   D 有一扇很大的门

73. 他们为什么去找老牛？
    A 找不到钥匙   B 无法说服对方
    C 想与老牛辩论   D 老牛有办法进园子

74. 最适合做上文标题的是：
    A 骆驼和羊   B 谁更聪明
    C 老牛的智慧   D 园子里的秘密

75-78.

在这个世界上，最珍贵的东西是免费的。

阳光是免费的。没有谁能够离开阳光活下去，然而，可曾有谁为自己享受过的阳光支付过一分钱？空气是免费的。一个人只要活着，就需要不停地呼吸。可又有谁为他呼吸过的空气付账？无论普通人还是大明星，他们一样自由地呼吸着天地间的空气。

亲情是免费的。每一个婴儿来到世上，都受到了父母无微不至的关爱，那是一份不求回报的疼爱。父母的这份爱，不因孩子的成年而减少，更不因父母的衰老而削弱。友情是免费的。寂寞时默默陪伴你的那个人，摔倒时向你伸出手臂的那个人，伤心时将你搂在怀里的那个人，可曾将他的付出算成现金，然后要你还钱？爱情是免费的。那份不由自主的爱，那份无法忍住的思念，那份一路相伴的深情，正是生命中最深切的安慰与最坚实的依靠。而这一切，都是免费的，更是金钱买不来的。

目标也是免费的。无论是王子，还是流浪儿，只要愿意，就能为自己的人生确立一个目标。这个目标既可以伟大也可以平凡，既可以辉煌也可以朴素，只要你愿意，你就能拥有。

还有信念、希望、意志、梦想……所有这一切，都是免费的，只要你想要，你就能得到。生活是公正的，更是慷慨的，它早已把最珍贵的一切，免费地赠送给了每一个人。

75. 关于亲情，可以知道：
   A 比爱情更重要　　　　　　　B 渐渐被人们忽视
   C 不会随时间而改变　　　　　D 是朋友对你的鼓励

76. 根据上文，下列哪项正确？
   A 有希望才有奇迹　　　　　　B 普通人的生活更幸福
   C 年纪大的人更容易满足　　　D 生活对每个人都很大方

77. 为什么说"目标也是免费的"？
   A 想要就可以得到　　　　　　B 不需要别人的指导
   C 不需要花太多金钱　　　　　D 已经被家人安排好了

78. 最适合做上文标题的是：
   A 学会珍惜　　　　　　　　　B 爱情的力量
   C 幸福在哪里　　　　　　　　D 今天你消费了吗

79-82.

　　有个人在一家夜总会里吹萨克斯，收入不高，然而，他却总是乐呵呵的，对什么事都表现出乐观的态度。他常说："太阳落了，还会升起来，太阳升起来，也会落下去，这就是生活。"

　　他很爱车，但是凭他的收入想买车是不可能的。与朋友们在一起的时候，他总是说："要是有一部车该多好啊！"眼中充满了无限向往。有人逗他说："你去买彩票吧，中了奖就有车了。"

　　于是他买了两块钱的彩票。可能是上天优待于他，他凭着两块钱的一张体育彩票，果真中了个大奖。

　　他终于<u>如愿以偿</u>，用奖金买了一辆车，整天开着车兜风，夜总会也去得少了，人们经常看见他吹着口哨在林荫道上行驶，车也总是擦得一尘不染的。

　　然而有一天，他把车泊在楼下，半小时后下楼时，发现车被盗了。

　　朋友们得知消息，想到他爱车如命，几万块钱买的车眨眼工夫就没了，都担心他受不了这个打击，便相约来安慰他："车丢了，你千万不要太悲伤啊。"

　　他大笑起来，说道："嘿，我为什么要悲伤啊？"

　　朋友们疑惑地互相望着。

　　"如果你们谁不小心丢了两块钱，会悲伤吗？"他接着说。

　　"当然不会。"有人说。

　　"是啊，我丢的就是两块钱啊！"他笑道。

79. 关于那辆车，可以知道什么？
　　A 价值千万　　　　　　　　**B** 是贷款买的
　　C 花了他好几万块　　　　　**D** 是比赛得到的奖品

80. 朋友们为什么来安慰他？
　　A 他的车被偷了　　　　　　**B** 他的腿受伤了
　　C 他的心情不好　　　　　　**D** 他失去了工作

81. "如愿以偿"最可能是什么意思？
　　A 非常节约　　　　　　　　**B** 抓住了机会
　　C 愿望得到实现　　　　　　**D** 运气变得很好

82. 上文主要想告诉我们：
　　A 投资有风险　　　　　　　**B** 看问题要全面
　　C 要乐观对待生活　　　　　**D** 要善待身边的人

83-86.

幽默大师林语堂先生，一生应邀做过无数场演讲，但是他不喜欢别人事先未经安排，就要他即席讲演，他说这是强人所难。他认为一场成功的演讲，事前须有充分的准备，内容才会充实。

有一次，林语堂应邀参观一所大学。参观后，与大家共进午餐，这时校长认为机不可失，便再三邀请林语堂对同学们即席讲话，林语堂推辞不过，于是走上讲台，说了这么一个故事：

古罗马时代，暴虐的帝王喜欢把人丢进斗兽场，看着猛兽把人吃掉。

这一天，皇帝又把一个人丢进了兽栏里。此人虽然矮小，却勇气十足。当老虎向他走来时，只见他镇定地对着老虎耳语一番，老虎便默默地离开了。皇帝很惊讶，又放了一头狮子进去，此人依旧对着狮子的耳边说话，狮子同样悄悄地离开了。这时皇帝再也忍不住好奇，便把此人放出来，问他："你到底对老虎、狮子说了什么话，为什么它们都不吃你？"此人回答说："很简单呀，我只是告诉它们，吃我可以，但是吃过以后，你要做一场演讲。"

一席话听得学生哄堂大笑。

83. 林语堂认为演讲应该：

    A 简短   **B** 充满热情

    C 内容幽默   **D** 提前做准备

84. 皇帝为什么很惊讶？

    A 老虎很矮小   **B** 猛兽没吃那个人

    C 那个人不想出来   **D** 老虎和狮子都不说话

85. 关于那个故事，可以知道：

    A 皇帝很善良   **B** 狮子很胆小

    C 老虎喜欢演讲   **D** 让学生们笑了

86. 关于林语堂，下列哪项正确？

    A 态度恶劣   **B** 喜欢临时发挥

    C 本来不打算讲话   **D** 经常忘记演讲词

87-90.

　　几年前，我参加了一个主题为"创造财富"的论坛。在讨论会上，一位发言人在演说过程中请听众做个游戏。他说："请大家拿出一页纸，然后在纸上写下和你相处时间最多的 6 个朋友，也可以说是与你关系最亲密的 6 个朋友，记下他们每个人的月收入。然后，算出他们月收入的平均数。这个平均值便能反映出你个人月收入的多少。"

　　后来，我认识到了这个游戏的本质意义，那就是交际的力量，即结交朋友的重要性。中国有句老话："近朱者赤，近墨者黑。"它所讲的道理是一样的，即择友的重要性。朋友的影响力非常大，可以潜移默化地影响一个人的一生。

　　在这里，我并不想告诉大家如何去选择朋友。我想强调的是，如果你想在人生和事业上取得成功，必须小心谨慎地结交朋友。

　　如果你最亲密的朋友是公司的高级主管，那么你们在一起时所谈论的主要内容一定是关于如何管理和经营的；如果你最亲密的朋友是公司的职员，那么你们在一起时谈论的主要话题一定是关于如何工作的；如果你最亲密的朋友是房地产商，那么你们谈论的话题一定会是关于房地产的……

　　如果下一次你和朋友一起聊天儿，请记下你们谈论的主要话题，到时你就会明白这句话的重要意义。如果你想展翅高飞，那么请你多和雄鹰为伍，并成为其中的一员。

87. 那个游戏告诉我们：
　　A 要平等待人　　　　　　　　B 交际是一种艺术
　　C 朋友应该相互帮助　　　　　D 不同的朋友决定不同的你

88. "近朱者赤，近墨者黑"的意思主要是：
　　A 做事情要专心　　　　　　　B 朋友会让你变得更好
　　C 人们易受周围人的影响　　　D 要虚心学习别人的长处

89. 根据上文，可以知道什么？
　　A 要信任朋友　　　　　　　　B 交友须谨慎
　　C 不要自寻烦恼　　　　　　　D 要有怀疑精神

90. 上文主要谈的是：
　　A 朋友的影响力　　　　　　　B 怎样与朋友相处
　　C 要学会打破沉默　　　　　　D 做事要分轻重缓急

三、书 写

第一部分

第91-98题：完成句子。

例如：发表　　这篇论文　　什么时候　　是　　的

　　　<u>这篇论文是什么时候发表的？</u>

91. 犹豫　　他　　有些　　显得

92. 很高的　　玉米　　营养价值　　具有

93. 文件　　递给　　我　　请　　把

94. 你的领带　　太　　紧　　系得　　了

95. 那个方案　　出色　　她设计的　　非常

96. 许多美丽的　　这里　　流传着　　传说

97. 被　　他的　　取消了　　比赛资格

98. 主要负责　　我们部门　　产品的　　推广

第 二 部 分

第 99-100 题：写短文。

99. 请结合下列词语（要全部使用，顺序不分先后），写一篇 80 字左右的短文。

辅导　进步　方法　完全　明显

100. 请结合这张图片写一篇 80 字左右的短文。

H51117 卷听力材料

（音乐，30 秒，渐弱）

大家好！欢迎参加 HSK（五级）考试。
大家好！欢迎参加 HSK（五级）考试。
大家好！欢迎参加 HSK（五级）考试。

HSK（五级）听力考试分两部分，共 45 题。
请大家注意，听力考试现在开始。

第一部分

第 1 到 20 题，请选出正确答案。现在开始第 1 题：

1. 女：爷爷快过生日了，你买礼物了吗？
   男：我打算给他买一副新象棋，我看他以前的那副太旧了。
   问：男的打算送爷爷什么？

2. 男：出版社的那个冯编辑你认识？
   女：在一个会议上见过面，但是没打过交道。
   问：他们在谈谁？

3. 女：我听说面试结果已经公布了，你怎么样？录取了没？
   男：刚上网查了，我的综合成绩是第一名。
   问：关于男的，可以知道什么？

4. 男：你要去当志愿者？什么时候出发？
   女：还没确定，估计是七月中旬。
   问：关于女的，下列哪项正确？

5. 女：爸，您今天做什么好吃的了？好香啊！
   男：知道你今天回来，我特意给你熬了鸡汤，你尝尝？
   问：男的为什么准备了鸡汤？

6. 男：你看，他们兄弟俩长得太像了，简直一模一样。
   女：是，你知道他们哪个大哪个小吗？
   问：他们觉得这兄弟俩长得怎么样？

7. 女：作为一名解说员，您觉得这场比赛哪个队更有可能夺冠？
   男：足球场上任何结果都可能出现，不到最后一刻谁也不知道结果。
   问：男的是什么意思？

8. 男：这是我们学校的标志性建筑，你要不要拍张照片留做纪念？
   女：好，我站这儿可以吗？
   问：根据对话，下列哪项正确？

9. 女：你今天下午不是要陪王总去签合同吗？
   男：对方说合同有点儿问题，还要再修改一下，可能得等明天了。
   问：关于男的，可以知道什么？

10. 男：你们俩家务一般是怎么分工的？
    女：我负责洗衣服，打扫卫生，他负责做饭，他很会做菜。
    问：他们在谈论哪个话题？

11. 女：你能说服他出席明天的活动吗？
    男：我现在也没什么好办法，我尽力试试吧。
    问：女的想让男的做什么？

12. 男：不好意思，您的这张优惠券已经过期了。
    女：我看看，对不起，我拿错了，是这张。
    问：女的为什么表示抱歉？

13. 女：你刚做了手术不久，别乱动。
    男：我在床上都躺了快两个礼拜了，我想出去走走，晒晒太阳。
    问：根据对话，下列哪项正确？

14. 男：喂，你现在在宿舍吗？
    女：我不在宿舍，我在图书馆写论文呢，有什么事吗？
    问：女的现在在哪儿？

15. 女：你去办理入职手续了？复杂不复杂？
    男：还可以，你先去人事部报到，有人会告诉你怎么办理的。
    问：关于男的，可以知道什么？

16. 男：你好，请问餐车在几号车厢？
    女：我也不清楚，你问问乘务员吧，她在车厢那头儿。
    问：根据对话，可以知道什么？

17. 女：幸好你昨晚给我发了个短信，不然我今天就要白跑一趟了。
　　男：我也是昨天下午才接到的通知，怕你不知道，就赶紧告诉你。
　　问：女的是什么语气？

18. 男：这种窗帘怎么样？挺好看的吧？
　　女：还不错，就是跟咱们家房间的整体风格不太一致。
　　问：女的认为这种窗帘怎么样？

19. 女：我男朋友是华裔，平时在家都是用中文交流。
　　男：难怪他的中文说得那么流利。
　　问：为什么她男朋友的汉语说得很好？

20. 男：周六开会后剩下的几个袋子，你知道被谁拿走了吗？
　　女：是装会议材料和礼品的资料袋吗？在我办公室里放着呢。
　　问：男的在找什么？

第二部分

第 21 到 45 题，请选出正确答案。现在开始第 21 题：

21. 女：你怎么了，脖子不舒服吗？
　　男：有点儿，左右转动时有点儿疼。
　　女：肯定是在电脑前坐得太久了，起来活动一下吧。
　　男：好吧。
　　问：男的怎么了？

22. 男：你好，我要退房，现在可以结账吗？
　　女：当然，请问您怎么付款？
　　男：我刷信用卡。
　　女：好的。
　　问：他们现在最可能在哪里？

23. 女：怎么样？数据统计上来了吗？
　　男：统计出来了，销售量不太理想。
　　女：是不是宣传做得不好？
　　男：有这方面的原因，还要具体分析一下。
　　问：销售情况怎么样？

24. 男：这些花篮都是你亲手做的？
    女：是啊，我平时喜欢做点儿小手工，装饰一下家里。
    男：你真厉害，你可以开一家小店，专门卖你的手工制品。
    女：现在工作忙，只能作为业余爱好了。
    问：关于女的，下列哪项正确？

25. 女：你怎么光吃青菜不吃肉？
    男：最近肠胃不太好，有点儿消化不良。
    女：严重吗？
    男：没事，大夫只说让我改改饮食习惯。
    问：关于男的，可以知道什么？

26. 男：你买这么多零食做什么？
    女：我们打算明天去郊区玩儿。
    男：听天气预报说，明天要降温，有雨。
    女：是吗？那我再和他们商量一下。
    问：女的为什么买那么多零食？

27. 女：哥，你们单位还需要实习生吗？
    男：暂时不需要，前段时间刚招了一批。你要实习？
    女：不是我，是我的同学。
    男：那我明天再帮你问问。
    问：根据对话，可以知道什么？

28. 男：我打算下周五回趟家，我姐姐结婚。
    女：是吗？买票了吗？快国庆节了，火车票可能不好买。
    男：不用，我家离北京很近，坐汽车走高速四个小时。
    女：那方便多了。
    问：男的打算怎么回家？

29. 女：我记得我把文件存在硬盘里了，怎么找不着了？
    男：你是不是设置了文件隐藏？
    女：什么是文件隐藏？你来帮我看看吧。
    男：好的，等我两分钟。
    问：女的在找什么？

30. 男：这些零件怎么都堆在这儿啊？
    女：这是工厂刚刚送来的。
    男：什么时候能搬走？太乱了。
    女：只是临时放一下，下午就会搬走。
    问：关于这些零件，下列哪项正确？

第 31 到 32 题是根据下面一段话：

　　无论在哪里，长时间坐着对你的健康都是没有好处的。专家认为，长期坐着的上班族，更容易患心脏病、糖尿病等。所以，如果你是自己开车去上班，那么把车停在停车场离你办公楼最远的角落里。如果你是搭乘公交车上班，那么提前一站下车，然后走到目的地。这些很小的变化可以产生巨大的作用。如果你坚持每天步行三次，每次十分钟，这样的运动量绝对可以算得上经常性锻炼。

　　31．如果坐公交车上班，说话人建议怎么做？
　　32．这段话主要谈什么？

第 33 到 35 题是根据下面一段话：

　　住在两座山上的两个人，每天都会在同一时间下山去挑水。
　　有一天，左边山上的人没有下山挑水。另一个人很好奇，他决定去看看到底发生了什么事。他来到左边山上，向那个人说明了来由。那个人指着院里的一口井说："这几年，我每天都会抽空挖这口井。昨天，井口冒出了清水，我也就不必再下山挑水了。"
　　其实，我们也可以为自己挖一口井。在紧张匆忙的生活中，每天拿出一点儿时间去多读几页书，多学一点儿实用的知识，多留意一些别人平时不在意的事情，不经意间，你的积累也许就能在关键时刻助你一臂之力。不要小看了那一点点的收获，或许正是因为这一点一滴的努力，你就会走在别人的前面。

　　33．那两个人有什么共同点？
　　34．左边山上那个人为什么没下山挑水？
　　35．这段话想告诉我们什么？

第 36 到 38 题是根据下面一段话：

　　交谈是社交活动中必不可少的内容，更是一门艺术。俗话说："一句话说得人笑，一句话说得人跳。"关键就看你能不能把话说得巧妙。
　　我们平时说话，既要注意谈话的态度、措辞，顾及周围的环境、场合，更要讲究所谈的内容。有时候，一句好的话足以让你获得好人缘，也足以让你在"人际江湖"中游刃有余，成为人际交往的高手。培养自己的语言表达能力，让自己养成良好的表达习惯，人生会变得更加精彩。

　　36．"一句话说得人跳"是什么意思？
　　37．平时说话什么更重要？
　　38．这段话主要谈什么？

第 39 到 41 题是根据下面一段话：

一个富裕而又很有名望的家庭，有个智商只有七十的儿子。孩子的母亲有一位在城里经营饭店的朋友，她让自己的儿子去朋友的饭店里打工，专门负责削土豆皮。饭店的主人说："像你们这样的家庭，怎么能让儿子干这种活呢？"这位母亲说："我知道我儿子的能力，这个工作符合他的能力，他在削土豆皮的时候会感到快乐和幸福。"

对大多数父母来说，接受孩子的缺点是痛苦的，因为这与父母的体面和期待不相符。有些父母总是喜欢拿自己的孩子和人家的孩子相比，觉得自家孩子胜出才有面子。他们已经习惯了这种竞争，非让自家的孩子考第一名不可。其实，每个孩子都是不同的，都是特别的，让他们快乐地成长才是最重要的。

39．那位母亲希望朋友帮什么忙？
40．关于那位母亲，可以知道什么？
41．根据这段话，什么对孩子最重要？

第 42 到 43 题是根据下面一段话：

一阵风吹来，一片叶子脱离了树枝，飞向天空。"我会飞了，我会飞了！"叶子边飞边喊："我要飞到天上了！"叶子飞呀飞，飞过了一棵棵树，飞过了一只只停在电线上的鸟。"哈哈，我飞得比你们都高！"叶子得意地对鸟儿说。又一阵风吹过，叶子在天空中转了几个圈，被吹落到一个水池边，紧接着就被一头牛踩进泥里，消失不见了。一只鸟看了之后，对它的孩子说："看到了吧，如果不依靠自己的力量，风既能把你吹上天，也可以把你吹进烂泥里。要飞翔，必须靠自身的力量。"

42．关于那片叶子，可以知道什么？
43．这个故事主要想告诉我们什么？

第 44 到 45 题是根据下面一段话：

学别人，无论学得多像，也只是模仿别人。走别人走过的路，很可能会迷失自己的方向。生活中，人们往往习惯于走别人走过的路，固执地认为走大多数人走过的路不会错。他们其实忽略了一个十分重要的事实，那就是：走别人没有走过的路，往往有更多的机会，更容易获得成功。

44．生活中人们习惯怎么做？
45．常被人们忽视的事实是什么？

听力考试现在结束。

H51117卷答案

一、听　力

第一部分

1．A	2．D	3．B	4．C	5．A
6．B	7．D	8．D	9．D	10．A
11．A	12．D	13．D	14．D	15．D
16．C	17．A	18．C	19．A	20．C

第二部分

21．A	22．A	23．C	24．C	25．D
26．D	27．A	28．B	29．B	30．D
31．A	32．C	33．B	34．C	35．B
36．A	37．D	38．B	39．D	40．C
41．B	42．B	43．B	44．C	45．D

二、阅　读

第一部分

46．A	47．C	48．B	49．D	50．B
51．A	52．B	53．A	54．C	55．B
56．D	57．A	58．A	59．D	60．C

第二部分

61．B	62．C	63．A	64．B	65．D
66．D	67．C	68．B	69．C	70．B

第三部分

71．C	72．B	73．B	74．A	75．C
76．D	77．A	78．A	79．C	80．A
81．C	82．C	83．D	84．B	85．D
86．C	87．D	88．C	89．B	90．A

三、书写

91．他显得有些犹豫。

92．玉米具有很高的营养价值。

93．请把文件递给我。

94．你的领带系得太紧了。

95．她设计的那个方案非常出色。

96．这里流传着许多美丽的传说。

97．他的比赛资格被取消了。

98．我们部门主要负责产品的推广。

第二部分

（略）

图书在版编目（CIP）数据

新汉语水平考试真题集：2012版.HSK五级／国家汉办／
孔子学院总部编.—北京：商务印书馆，2012

ISBN 978-7-100-08899-2

I.① 新… II.① 国… III.① 汉语-对外汉语教学-水平考
试-试题 IV.① H195.4-44

中国版本图书馆CIP数据核字（2012）第016592号

新汉语水平考试真题集 HSK（五级）
2012版

国家汉办／孔子学院总部 编制

商 务 印 书 馆 出 版
（北京王府井大街36号　邮政编码 100710）
商 务 印 书 馆 发 行
北 京 瑞 古 冠 中 印 刷 厂 印 刷
ISBN 978-7-100-08899-2

2012年3月第1版　　　　　开本 880×1240 1/16
2012年3月北京第1次印刷　　印张 8¾

定价：67.00元